SHODENSHA SHINSHO

なぜ、それを買ってしまうのか

脳科学が明かす錯覚行動

直美

祥伝社新書

まえがき　愉快なAと気まぐれなBの物語

ここに2つの異なるキャラクターがあります。仮に、AとBとしましょう。もし、あなたがどちらかのキャラクターと付き合うとすれば、どちらがお好みですか？

A：陽気で、働きもの、何でも率先してさっさと片づけてくれる、少しおっちょこちょいで、たまにヘマをする

B：頭がよくて、いざとなったとき頼りになるけれど、普段は怠《なま》けもの、ちょっと気難しくて、何をするのものろま

どちらの印象も同じくらいによくなるように、いちおう、私としては気を遣《つか》ってみ

ました。たぶん、みなさんの頭の中には「陽気なA」と「頭のいいB」とインプットされたと思うからです。

この他にも、AとBを言い表わすバージョンはたくさんつくることができます。たとえば、「働きもののA」と「怠けもののB」、「早とちりのA」と「思慮深いB」、「世話好きのA」と「おっとりタイプのB」、「愉快なA」と「気まぐれなB」などなど。

そろそろ、付き合うならどちらのキャラクターが好みか決めましたね。「陽気なA」と「頭のいいB」で比べた人は少し悩んだかもしれません。一方、「働きもののA」と「怠けもののB」で比べた人はさっさと答えを出したでしょう。

最も現実的な決め方は、「普段はAと付き合って、ときどきBとも付き合う」というものです。

なんだ、どちらかに決めるんじゃなかったの？　と不満をもらした人もいたでしょうが、どちらかに決めなくてもよかったんだとホッとした人もいたと思います。その上、普段はAと付き合って、ときどきBとも付き合うというのは、絶妙な付き合い方じゃないかと思いませんか。

タネ明かしをすれば、私たちはみんな、すでにAともBとも付き合っているのです。しかも、たいていの人は、この絶妙なバランスを採用しています。

えっ、そんな人は知らない？

そりゃそうです。AもBも「人」ではありません。私たちの頭の中にいるキャラクターなのですから。

最近の脳研究から、私たちは何かを考えるときに2つの異なるシステムを使い分けていることが分かってきました。

最初にこのことを発表した研究者は、システム1と2と呼んだそうです。その説明によれば、システム1は「自動的に高速で働き、努力はまったく不要かわずかしかない。自分のほうからコントロールしている感覚は一切ない」、システム2は「複雑な計算など頭を使わなければできない困難な知的活動にしかるべき注意を割り当てる」ということになります。

何となく味気なく聞こえるシステム1と2を私は親しみを込めてキャラクターに置

き換えてみました。私は「愉快なA」と「気まぐれなB」としましたが、みなさんも好みのキャラクターに置き換えてみてはいかがでしょう。

本書の目的は、私たちが普段買い物をするときに、どのように商品を選んでいるかを探ることです。

「なぜ、それを買うのか？」と自問してみたことはありますか？

いろいろ後づけでは言い訳できるかもしれませんが、本人も「ホントのところ」は分かっていなかったりします。

私も長い間、店舗でお客さんがその商品をどうして選ぶのかを知りたくて、調査と実験を繰《く》り返してきました。私の前にも多くの先達が、そういう疑問を持って店頭での調査や実験を繰り返し、貴重な手法を残してくれています。最近は、IT技術を駆使し、心理学や行動経済学などの視点も持ち込んで、調査や実験の手法はさらに進化してきましたが、それでも、なかなか決め手はありません。

そういう研究途上にある点を踏まえた上で、本書は、第1章で、これまで最も研究が進んできた「ブランド」についての研究成果の現状からはじめ、第2章では、実際に商品を選ぶとはどういうことか、価格が果たしている役割などについて、〝体感〟しながら探っていきます。たとえば、商品を選んだり、買うかどうかを決めたりするときに、必ず先にお話しした2つの異なるキャラクターが関与していることを感じてもらえるでしょう。

第3章は少し趣《おもむき》を変え、頻繁《ひんぱん》に起こる「食品偽装」の問題を念頭に、なぜ私たちは「希少」、「天然」、「高級」といったものに弱く、まんまと騙《だま》されてしまうのかを考えました。多くの人は、なぜかは分からないけれど、魅力を感じて、つい買ってしまうのだと思います。なぜ魅力を感じるのか、そのメカニズムを知っておくことは、同じ「買う」という行為を考える上でも少しは違うと思います。

第4章では、買い物行動を全般的に考えています。特に、消費の主役に躍《おど》り出た高齢者の買い物行動を取り上げました。これから高齢になる人にも、すでに高齢だと自認している人にも、ちょっとした覚悟をするいい機会になると思います。

さらに、店頭をめぐる調査や実験について、私の反省を踏まえつつ、現状の課題も考えます。ここに、最近の脳研究の成果を当ててみると、人にとって普遍的なことと可変的なことのあることに気づかされます。

もうひとつ、本書は、買い物体験を思い出しながら読めるよう工夫してみました。先に紹介したキャラクターAとB。本文中では一切触れていませんが、みなさんはAと付き合ったり、Bと付き合ったりしながら本書を読むことになるでしょう。どこまでがAと一緒で、どこでBとも付き合ったか、ときどき、そのことにも思いを巡《めぐ》らせて読んでいただければ幸いです。

２０１４年５月

加藤直美《かとうなおみ》

※目　次※

編集協力・海風社／図版制作・オリーブグリーン

第1章　買い物を巡る物語のはじまり

1．「賢い消費者」の幻影

買い物が楽しくない⁉

買い物をしようと思っても「ほしいものがない」とか、普段の生活に必要なものを買い揃《そろ》えるのさえ「面倒だ」といった声を聞くことがあります。

買い物は、何かを手に入れるための行為ですから、本来、楽しいはずです。その買い物が楽しくない！　とか面倒って、どういうことでしょう？

モノを買うときにワクワクした経験はありませんか。ワクワク感はいいものを手に入れたと思ったときの感覚です。いいものとは、その人にとって「価値」あるものです。

モノでなくても、映画やコンサートに行ったり、イベントに参加したり、楽しい時間を過ごした体験なら思い当たるでしょう。

買い物によって手に入れるのは、モノとは限りません。

たとえば、美味《おい》しいものを食べるためにレストランを訪れたとします。そこで食べるモノにはじまり、おもてなしのサービス、そこで過ごす時間など、すべてをひっくるめて対価としてお金を支払います。モノ、サービス、時間のすべてを買い物によって手に入れたわけです。

もっとも、こうして手に入れたすべては、「消費」されます。美味しい食べ物は、食べてしまえばなくなり、サービスは目に見えず、その場限り。過ぎてしまった時間は、元には戻りません。

すると、家電製品や家具など、すぐには消えてなくならないものを思い浮かべる人もいるでしょうが、食品やトイレットペーパーなどの「消費財」に対して、それらは「耐久消費財」と呼ばれます。やっぱり、買い物で手に入れたものは、すべて「消費」されるのです。

この説明に納得できない人でも、買い物は何かを手に入れる行為であると同時に、お金を手放す行為でもあると考えれば、どうでしょう。お金を費《つい》やす買い物は「消費」だと思いませんか。そして、買い物＝消費する人が「消費者」です。

「ほしいものがない」とは、お金を費やしてまで買いたいものがないということです。実際には、多くの商品が出回っています。近くの店舗にほしいものがなくても、インターネット（ネット）で検索すれば、取り寄せられる店舗を見つけることもできます。

しかし、肝心なのはワクワク感です。お金を費やしただけの「価値」を手に入れられなかったと感じたなら、買い物に「失敗した」ことになります。

上手に買い物ができたと思えば嬉《うれ》しく、楽しい気分になりますが、逆に、失敗したと思えば悲しく、悔しい気持ちになります。

いまから50年くらい前に「賢い消費者」という言い方がされるようになりました。賢い消費者になれば、買い物＝消費の行動で失敗することはなくなりそうです。

実は、私が「消費生活コンサルタント」になったのも、上手に買い物ができるようになりたかったからです。

消費生活コンサルタントは、日本消費者協会が主催する養成講座を通じて授与している資格で、「消費生活のプロフェッショナル」の育成を目的に、１９６０年代にはじまりました。

１９６０年代といえば、米国の第35代大統領となったジョン・F・ケネディ氏が、有名な演説を行なっています。「消費者の４つの権利」についてです。

①「安全を求める権利」
②「情報を知らされる権利」
③「選択する権利」
④「意見を聞いてもらう権利」

人は生まれながらに「人権」を有しているように、消費者にも「権利」があると宣言したのです。

その後、消費者の４つの権利宣言は、各国の消費者政策、消費者教育に大きな影響を与えました。現在では、ケネディ大統領の宣言日に因《ちな》んで、３月15日は「世界消費者権利の日」なのだそうです。

消費者にも権利があると言われても、消費生活コンサルタントになる前の私には、どう使っていいのかさえ分かりませんでした。きっと「賢い消費者」になれば、きちんと行使できるようになって、上手に賢く買い物ができるようになるのではと思ったのです。

そのくらい、私は買い物下手《べた》だと、自分のことを感じていました。私の母が自信を持って買い物している様子を見て育ったからだと思います。良い商品を自分の判断で選んでいるように見えましたから。やりくり上手で、家計の切り盛りにも長《た》けていました。そんな母に敬愛を込めて、私は当時人気のＣＭソングになぞらえ「賢い母さん〜♪」と歌っていました。

それで、消費生活コンサルタントになってどうだったか、ですか？

もちろん、学んだことはたくさん。これからする買い物を巡るお話もそのひとつです。

ただ、私の買い物下手が克服されないので言うわけではありませんが、「賢い消費者」のほうが幻影だったかもしれません。

情報の非対称性から情報過多へ

上手に賢く買い物をするには、そのための情報が揃っていることが前提になります。たとえば、安全かどうか見極めるのにも情報は必要です。

かつて、薬や製品による被害、公害による環境の悪化などが大問題になったとき、消費者の側と商品をつくっている企業、その過程で公害を出す企業との間で、決定的な差のあることが分かりました。

商品についての知識、情報量など、圧倒的に消費者のほうが少なかったのです。情報が商品をつくる側の一方に偏《かたよ》って（「情報の非対称性」）、知らされないことがあっては、消費者は上手に賢く商品を選択することができません。

そのころ、「お客さまは神様」と祭り上げられながら、一方で、何も知らされない消費者は「裸の王様」にもたとえられました。先の４つの権利を行使し、必要な情報を得るためには、学ぶ必要がありました。

米国の「消費者教育」に詳しい経済学者の武長脩行《たけながのぶゆき》氏によれば、日本語の「賢い消費者」に対応する米語は「インフォームド＆レスポンシブル・コンシューマー」です。

「レスポンシブル（責任のある）」より先に「インフォームド（情報の提供を受けた）」の来るところが重要と、武長氏は言います。

たとえば、「インフォームド・コンセント」とは、医療の場で「自己の病状について情報開示を受けた後での同意」のことです。先にインフォームド（情報開示）があって、コンセント（同意）があります。インフォームドがなければ、コンセントもあり得ません。

同様に、「賢い消費者」とは、米国流に言えば、情報を得て決定（選択）したことに責任を持つ消費者となります。先に、情報を得ていなければ、責任もあり得ません。

この点、米国の消費者教育では、ネットを社会のインフラと位置づけ、情報機器の選び方、利用の仕方から教えているそうです。そうして得た情報に基づいて選択した結果については、まさに「自己責任」。米国らしい徹底ぶりです。

消費者の権利として、情報を知らされる権利はありますが、情報社会では、自《みずか》ら能動的に獲得する必要があるようです。権利の上に胡坐《あぐら》をかくものは、救済されないということでしょう。

もちろん、企業が故意《こい》に情報を隠したり、企業の過失で情報が間違っていたりした場合には、消費者は責任を免《まぬが》れます。

つまり、選択で失敗しないためには「正しい情報」が必要なのです。

情報を読み解くスキルを磨く

ところが、ネットの普及した高度な情報社会では、情報自体は以前より容易に、より多くを得られるようになりました。情報が少なすぎるという状況はなくなりつつある代わりに、情報が正しいかどうか、見極めなければならない新たな状況に直面しています。

いまや、「情報洪水」のほうが問題にされるようになりました。

必要な情報をいかに得るか、その情報をどう読み解くかといった技術（スキル）のほうが重要になってきたのです。

結局、上手に賢く選択するための情報を求めて多くの情報を集めてはみたものの、情報を整理し、よく吟味《ぎんみ》するのにも多大な精力を費やさなければなりません。

しかも、情報を集め、整理し、吟味して買い求めた商品が、いつでも満足できるわけではなかったことにも気づかされます。

日本を代表するシンクタンクの野村総合研究所では、定期的に「生活者1万人アンケート調査」を行なっています。図表1－1は、その調査結果の一部です。「価格が品質に見合うかよく検討して買う」人の割合は、2000年時と比べて2009年には約1割増加しました。ところが、2012年時には、わずかですがダウンしてしまいます。

また、「事前に情報収集してから買う」人の割合も、2000年時と比べると2009年には約1・5割増となりながら、2012年時には、やはりわずかにダウンしました。

「価格が品質に見合うかよく検討して買う」や「事前に情報収集してから買う」という消費行動は、上手に賢く選択するためのテクニックのひとつです。

図表 1-1　情報感度&ブランド意識の推移

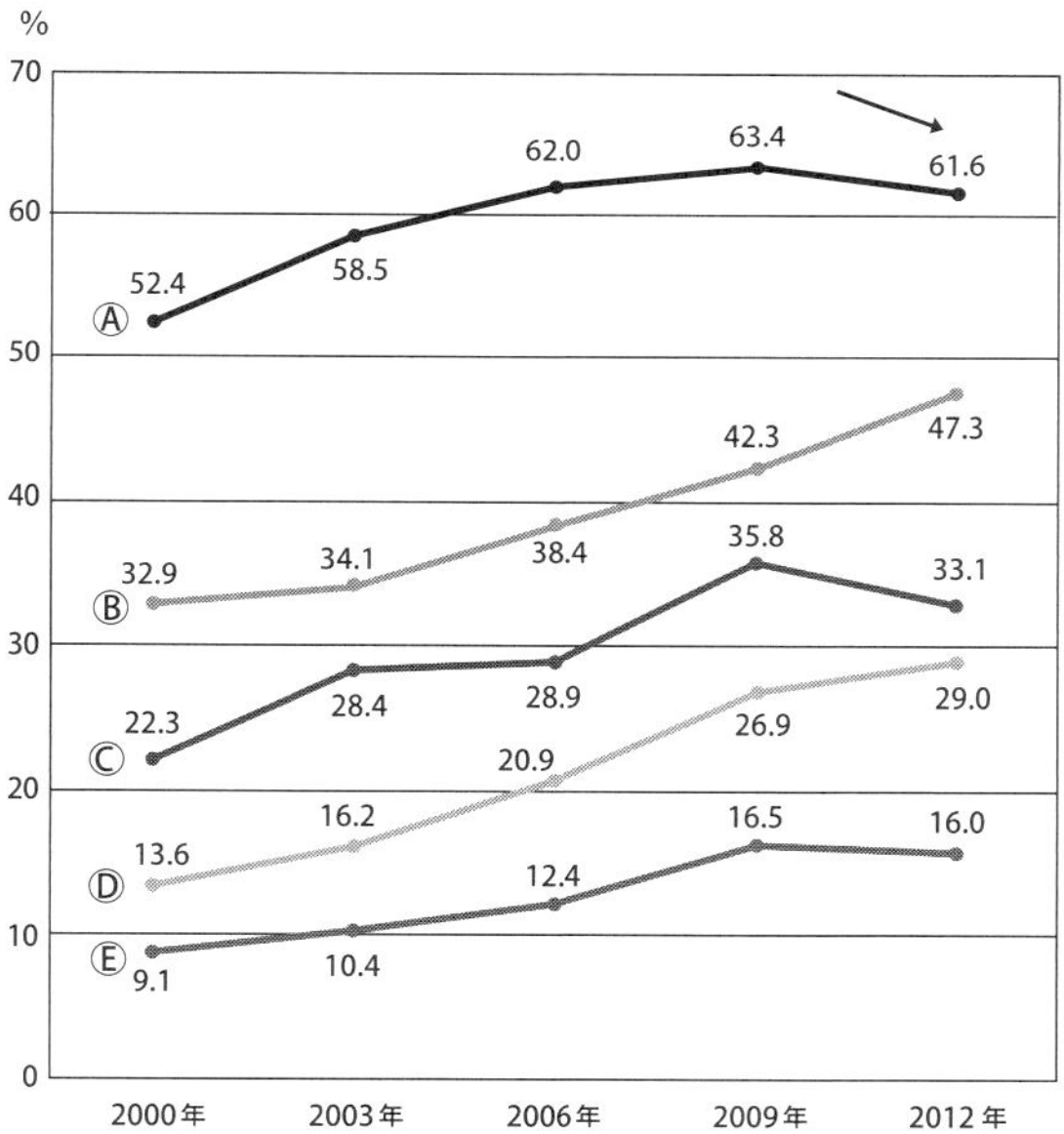

野村総合研究所「生活者1万人アンケート調査」(2012年11月発表)

Ⓐ 価格が品質に見合うかよく検討して買う

Ⓑ 無名メーカー品より有名メーカー品を買う

Ⓒ 事前に情報収集してから買う

Ⓓ 使っている人の評判が気になる

Ⓔ いつも買うブランドを決めている

上手に賢く選択するための方法をこれまで採ってきた人たちが、やめてしまったということでしょうか。

「コスパがいい」という言葉を会話でよく耳にするようになっていただけに、ちょっと腑《ふ》に落ちません。たとえば、「この商品、すごく〝コスパがいい〟んだよ」というときは、話し手がいかに上手に賢く買い物をしたかを自慢している場合です。

コスパとは、コストパフォーマンスのことですから、まさに「価格が品質に見合う」（もしくは品質が価格に優《まさ》る）と感じられたときに「コスパがいい」となります。

コスパを追求したり、事前に情報収集したりする人が、過去10年増えてきて、その後に少し減少したのは、多くの情報に疲れてしまったのかもしれません。

情報は「少ないに越したことはない」

これまで、選択肢は多いほうがいいと語られてきました。いまでも、たいていの場面でそう使われています。

情報過多となった現在でも、情報は少ないよりは多いほうがいいと思われがちです。

多ければ必要な情報も含まれる可能性が高まり、不要な情報を取り除くことのほうが簡単だと思うからでしょう。

しかし、商品のコストパフォーマンスが良くても、その商品を買うために行なった情報の収集から吟味して買うまでの労力（コスト）も含めた〝買い物まるごとコストパフォーマンス〟として、いわゆる「費用対効果」を考えるとあまり良さそうに見えません。

すると、情報の最適化の問題だろうと思われるでしょう。少なすぎても、多すぎてもいけない。最適な量があるはずだと。

これについて、心理学者のゲルト・ギーゲレンツァー氏は「少ないに越したことはない」と言います。特に、「不確実な環境」では、ひとつの重要な情報だけに絞《しぼ》り込み、残りの情報は無視しろと言うのです。

たとえば、株式とかＦＸ（外国為替証拠金取引）などリスクの高い金融商品を買うのは、「不確実な環境」の最たるケースです。

たいてい、専門家の意見を含めて、いろいろな情報を吟味します。購入前のリスク説明が義務付けられているほど、将来の値上がりを予測するのは難しい商品です。それでも、購入者が後を絶たないのは、よほど予測に自信があるからでしょう。

もっとも、この場合の予測は、簡略化すれば、値が上がるか下がるか2つに1つです。値上がりする確率は、コインを投げたときに表の出る確率と同じと考えれば、難しくなさそうにも思われます。

ところが、調べてみると、ファンドマネージャーやアナリスト、投資アドバイザーなどの専門家が、当てられる確率は、平均すると約4割でしかありませんでした。先のギーゲレンツァー氏をはじめ、何人もの心理学者が、調べた結果です。ノーベル経済学賞を受賞したハーバート・サイモン氏やダニエル・カーネマン氏も同じ調査を行なったようです。どの研究者の調査でも、だいたい同じ結果が得られたのです。

専門家の予測が当たる確率が平均して4割なのに対して、あまり金融には詳しくない素人の予測は五分五分でした。つまり、コインを投げたときの確率と同じ。当たる確率だけ見れば、専門家より素人のほうが高かったのです。この結果から導き出された教訓は、面白いことに研究者によって異なるものでしたが、共通して認識されたことがあります。

専門家は多くの情報、知識、経験を持っているが、それゆえ複雑に考えすぎてしまうこと、さらに、将来まで知っているわけではないこと、です。

「直感を使え」の教訓

買い物は、将来を予測して行なう行動です。いつも買っている商品なら大方の予測が付きますが、新しい商品、なかでも住宅とか車などのように高額で長期に保有するものは真剣に将来を考えます。

将来のことは分からないという意味では、リスクの高い金融商品を買うのと同じく「不確実な環境」です。こんなときほど、私たちはできるだけ多くの情報を集めて、よく吟味しようと思うものです。

しかし、それでは先の専門家と同じこと。複雑に考えるほど、過去の事実の焼き直しになってしまい、不確実な環境に対応できないと、ギーゲレンツァー氏は考え、導き出した教訓が「直感を使え」です。

直感を使って、将来を予測するのに重要な情報をひとつに絞り込み、その情報だけで判断するという方法です。だから、情報は「少ないに越したことはない」のです。なぁんだ直感か、それなら簡単と思われますか。手持ちの情報の中からひとつ残して、他の情報の影響を排除することのほうが、私には難しいような気がします。しかも、ギーゲレンツァー氏は、いつでも直感を使えばいいわけではなく、使い方にはコツがあると言います。

手持ちの情報が少ないことを危惧《きぐ》する意見もあります。同様の調査をしたカーネマン氏は、少ない情報でつじつま合わせのストーリーを描いてしまうため「自信過剰」に陥《おちい》りやすいと指摘しています。

これに対して、ギーゲレンツァー氏は数人を一組にしてクイズに答えてもらう実験で、最も正解率の高かった組では、最も知識のない（情報の少ない）人の意見が採用されたことを挙げ、自信に満ちた即答（直感）に、その他の人がしたがったことが勝因につながったと分析しています。

本当のところ、私たちは買い物をするとき、どのように選択しているのか、次項以降で具体例を通して検討してみましょう。

買い物で失敗しないための近道

買い物が楽しくない、面倒と感じられるのには、情報過多のなかで必要な情報だけを取り出し、吟味して、いいものを選ぶのに疲れてしまったことも一因でしょう。アレにしようかコレにしようか、一度迷い出すと決められないばかりか、本当にほしいものだったかさえ疑わしくなってくるものです。

身の回りはモノであふれています。その何割かはなくても何とかなります。昨今では、自分にとって気持ちのいいものだけを残して身辺を整理してみたら、かえって気分がすっきりしたという話も聞きます。

著名なスタイリストが、ワードローブ（洋服ダンス）を整理したところ「納得した良いもの」ばかり残すことができ、再び、消費への意欲が高まったと語っていました。

さすがにスタイリストは違うなと私が感心したのは、最終的に残した「納得した良いもの」とは「ハイブランド」の「高い質」のものだったことです。そうして回復した消費の対象に、美味しいレストラン、歌舞伎《かぶき》などと並んで、ティファニーを挙げました。「ティファニーで買えば、あのティファニーブルーの箱に丁寧《ていねい》に包んでもらえ、心浮き立つ経験をすることができます」

すでに評価の定まっている〝ブランド物〟を選ぶのは、買い物で失敗しないコツのひとつです。

多くの人に価値があると認められているものには、誰しも少なからず興味があります。それだけでも、失敗のリスクを減らすことにつながります。しかも、情報をあれこれ吟味する手間も省《はぶ》けるので、疲れてしまうこともありません。迷ったら「多数派にならえ」という単純な法則です。

何かを手に入れるという買い物の本来の楽しみを満喫することもできるでしょう。私たちの脳には、何かを手に入れられると思うだけで、快感を覚えるしくみがありますから。

図表1-2　脳の報酬（ドーパミン）系

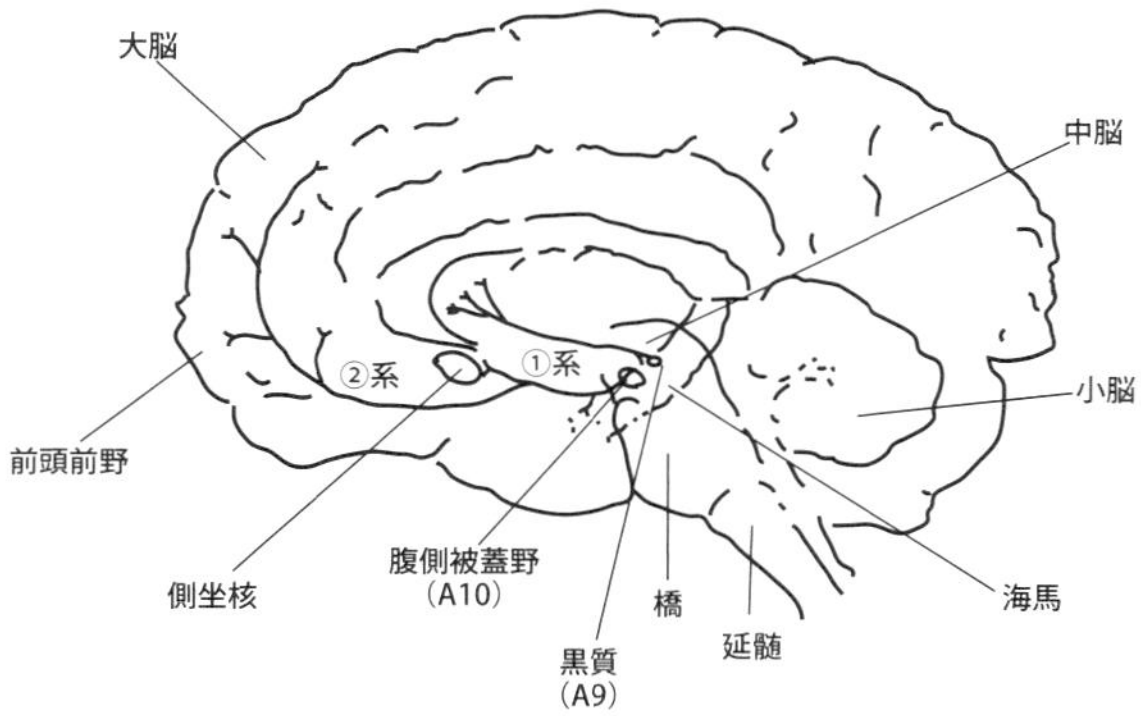

もし、価格の高さを気にするなら、よく知られたブランドの2番手を選ぶ方法もあります。品質はブランドの信用で担保できます。価格は1番手より安いはずです。これも単純な法則なので疲れることなく、品質と価格のバランスに満足する可能性は高まります。ただし、「快感」は価格が高いほうが大きくなるようです。価格が高い分だけ期待も高まるので、より「心浮き立つ」わけです。

その快感のメカニズムは、よく知られた脳の「報酬系」で説明されます（図表1－2）。

報酬（良いこと）が予測されると、脳

内物質のドーパミンが増えて「快」と感じるので「報酬系」と言われます。図表1－2で言えば、腹側被蓋野《ふくそくひがいや》（A10）と側坐核《そくざかく》を結ぶ①系による作用です。

有名なネズミの実験があります。ネズミの脳に電極を埋《う》め込み、ネズミがペダルを踏むと①系に電気信号が流れるようにすると、ネズミは自ら進んでペダルを踏み続けることが確認されます。快感を求める行為と解釈されています。

この快楽を求めるポジティブな行動を促《うなが》しているのが、図表1－2でいうA10から前頭前野《ぜんとうぜんや》に延びる②系です。前頭前野のドーパミン濃度が高いほど、行動的になることも確認されています。

しかし、ドーパミンは快感とは逆の場合にも増えることが分かっています。快感がポジティブな行動を促すように、逆に恐怖や不安を感じたときも、それを回避するための行動を促すのです。

2. ブランドの正体

なぜブランドを買うのか？

晩酌《ばんしゃく》を欠かさないような左党の人たちには、たいてい「マイブランド」がありま す。いつも飲んでいるお気に入りの銘柄のことです。

ところが、よく知られているのは、銘柄の名前を伏せていろいろ飲み比べ、お気に入りのマイブランドを当ててもらうテストをすると、当てられない人が続出することです。

しかも、いつものブランドとは異なるものを最も美味しいと評価し、それをマイブランドと主張する傾向も見られます。つまり、自分にとっての一番のブランドをいつも愛飲していると信じているわけです。

このことから、私たちが気に入っているのは、商品の中身ではないことは明白です。では、気に入っているのは何でしょう？

もともと、ブランドは「識別」と「区別」のためのものでした。識別とは、モノやコトに名前や記号、言葉、デザインなどを施《ほどこ》すことで、ソレと分かるようにすることです。区別とは、ソレが他の似ているコレやアレとは違うと分かるようにすることです。

商品Aだとみんなに知ってもらい、商品Bや商品Cとは違うと認識して、買ってもらうためのシンボルのようなものがブランドでした。

消費者にとって、一度買っていいなと思ったブランドを覚えておくと、次に買うときそのブランドを見つけるだけで済むので、短時間で買い物ができて便利です。いちいち商品を吟味する手間が省けます。ブランドが品質を保証してくれているからです。

さらに、買い続けていれば、さまざまな体験をします。食べて美味しかった体験、使って楽しかった体験など、体験を通じてブランドとの絆《きずな》が深まります。そこに個人的な自分だけの意味を見出すでしょう。

こうして、ブランドは、識別や区別だけの機能ではなくなります。

消費者は、ブランドに個人的な意味づけをしたり、生活のある面でのパートナーのように接したり、ブランドと互いに影響し合う関係を築きます。

一方、ブランドをつくった企業も、ブランドの新しい機能に目をつけ、企業の戦略として、ブランドを活用しようとします。ブランドは、いまや商品の最も重要な機能を担《にな》うものとみなされています。

もっとも、企業がブランドを戦略的に活用し始めたのは、つい最近です。日本で本格化したのは1990年前後からでしたが、瞬《また》く間に広がって、企業に限らず、地域ブランドや個人ブランドなど、ブランド戦略は花盛りの状況です。

換言《かんげん》すれば、私たちの「ブランド感覚」が戦略的に利用されるようになったのです。

先に挙げた〝ブランド物〟には、こうした点が明確に表われています。衣類やアクセサリー、香水、バッグ、靴などの身につけるものだけでなく、日用品や食器、インテリア、そういえば犬の首輪だったか話題になったことがありました。モノはいろいろあっても、それらを包み込んでいる雰囲気、イメージ、世界観といった目に見えないものへの共感を呼び覚ましてくれます。それぞれのファンは言います。持っているだけで楽しい！

それがブランドになるとき

しかし、ブランドは「一日にしてならず」です。まず、識別されなければなりません。次いで、単なる識別だけでなく、他と区別され、さらに、今日的な意味でのブランドとなるためには、それを愛用するファンとの相互作用が必要になります。

どんなブランドも、生まれてすぐにファンを獲得できるものではありません。ただし、例外として有名なメーカーのように発売した企業がブランドであるとか、有名なブランドデザイナーの手によるものとか、生みの親のファンが好意的に受け入れてくれることはあるでしょう。

基本的に、生まれたばかりのブランドには識別の機能しかありません。識別を頼りに買ってくれる人が増えて世に普及していかないと、ブランドは立ち行きません。今日は、多くのブランドが生まれているものの、残るブランドは少ないとされる時代で

図表1-3　新ブランドの普及プロセス

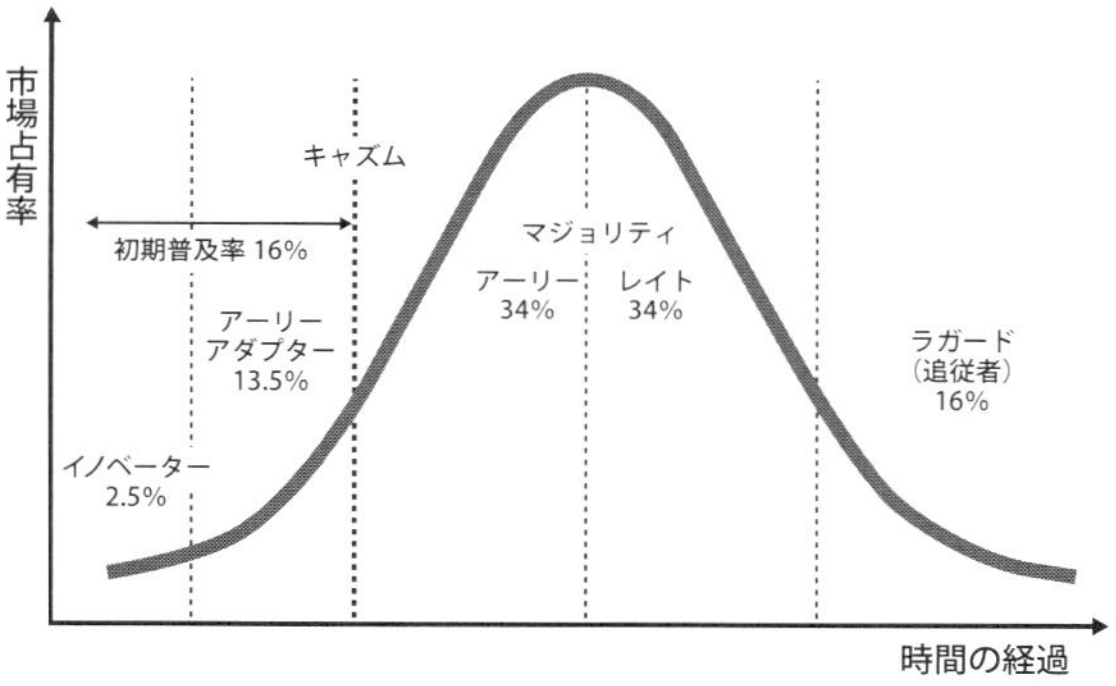

す。

新しくて、より革新的なものほど普及に手間取ります。これまでの普及の仕方は、最初に新しもの好きな人＝イノベーター（革新者）によって買われ、次いで、ブランドの個性や特徴を気に入ってくれた人＝アーリーアダプター（初期採用者）に買われ、アーリーアダプターがブランドの良さを宣伝してくれることで、マジョリティ（多数者）に広まっていくというものでした。

たいてい、図表1－3のようなグラフを用いて説明されます。特徴的なのはアーリーアダプターまで含めて、初期の普及率は16%でしかないことです。マジョリティにまで普及するためには、グラフの線のように「山」を描かなければなりませんが、途中には「深い淵（キャズム）」があって、容易に越えられないと考えられています。

新しもの好きや自ら進んで情報を収集してブランドに近づいてくれるイノベーターやアーリーアダプターでない一般の人々にもブランドを認知してもらうために、ブランドをマネジメントする企業が講じる施策のひとつが、広告や宣伝、店頭販促などでブランドの露出を増やすことです。

「見覚え」「聞き覚え」があるだけでも、人は「なじみがある」という感覚を持ちます。見覚え、聞き覚えがあるとは、過去の経験に照らして、自分の過去に対する「なじみ」の感覚を呼び覚ますのでしょう。

ところが、この感覚は「記憶の錯覚」によって起こることが分かっています。目による錯覚＝「錯視」と同じことが、脳の中でも起こっているのです。錯視に比べて確認しにくいところが難点ですが、本来なら具体的な状況が浮かぶところ、具体的な記憶がない場合に「なじみがある」という感覚だけが湧《わ》くというのです。デジャヴ（既視感）に近い感覚かもしれません。いつどこで見たのか具体的な状況は思い出せないのに、以前に見たような気になるのですから。

「なじみがある」と思ってもらうことは、ブランドにとって重要なことです。人は既《き》知《ち》（すでに知っている）を好むからです。たとえ錯覚であっても、「なじみ感」は過去に由来します。しかも、いいイメージです。

人が既知を好むのは、まったく知らないよりも認知しやすいからです。たとえば、インクが薄く、文字がかすれて判読しにくいのに、既知の文字や単語は拾い出すことができたりします。「知っている」と見つけやすく、頭に入ってきやすいのです。

認知しやすいものは、スラスラと頭に入ってくるので分かりやすく、納得もしやすく、それゆえ気持ちもよくなります。

さらに、スラスラ感のある分かりやすい情報は、より多くの人に、より早く、伝わることも確認されています。

こうなって初めて、ブランドは消費者に受け入れられ、関係を築いていく前提が整うことになります。

好感度では脳は活性化しない!?

スラスラ感のある気持ちいい状況を、認知心理学者のダニエル・カーネマン氏は「認知容易性」として説明しています（図表1－4）。

「認知容易性」は脳の中にある「計器」のようなもので、いま新しくつくったばかりの言葉でも、環境要因を使って認知しやすくすれば「容易」に振れてスラスラ感が増し、その結果「親しみ」や「信頼」を獲得することができます。

逆に「負担」に振れると、途端にペースダウンしてモタモタしだし、努力しないと認知できない状況になります。「容易」に振れているときより間違いは減りますが、創造的でなくなります。

認知が容易なときは、ひとつの刺激（言葉など）に対して、さざ波が立つように「連想」が頭の中に広がっていきます。それは止めようにも止まらない脳の働きです。

ところが、ブランドの広告主たちが、脳波計測器を使って、視聴者が広告シーンの

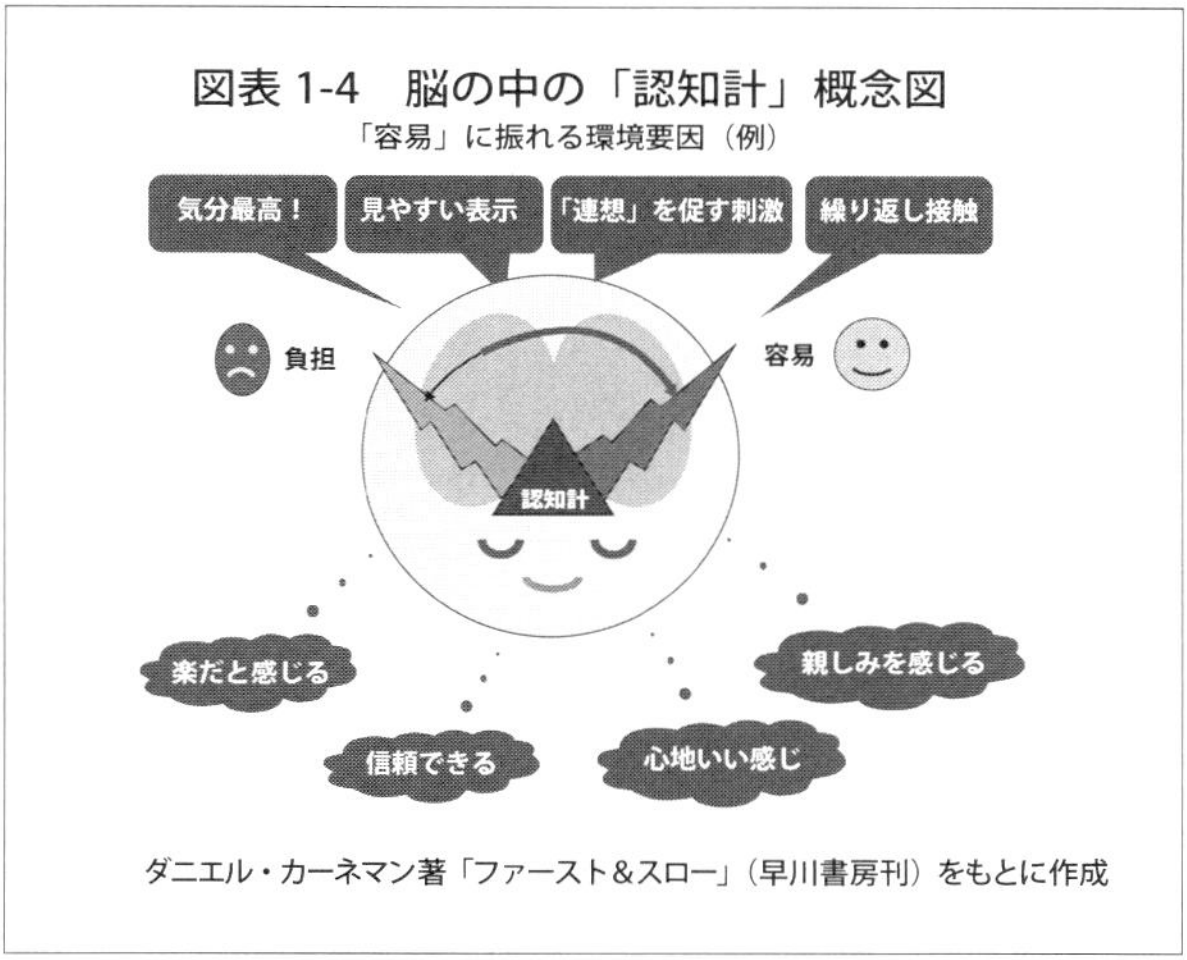

図表 1-4　脳の中の「認知計」概念図

ダニエル・カーネマン著「ファースト＆スロー」（早川書房刊）をもとに作成

どこに関心（好感）を持つかを調べてみると、スラスラ頭に入るような分かりやすい場面では脳波の活性がほとんど見られず、逆にメッセージが不完全なシーンで脳の活性が見られたと言います。

広告主は、視聴者に広告を見て心を動かしてほしいと思っています。ブランドをしっかり記憶に留めてほしいからです。そのために事前の視聴テストを繰り返して、最も好感度の高い広告を選んで配信していたのに、脳波に活性が見られないなんて、がっかりしたことでしょう。

しかし、先述した「認知容易性」から

すれば、これは当然の結果のように見えます。

スラスラ頭に入ってくる分かりやすいシーンでは、脳内計器の針が「容易」に振れ、いい気持ちで、たぶん笑顔になっていたことでしょう。一方、メッセージが不完全になったシーンでは、「負担」に切り替えて認知努力を行なったことが脳波に表われたとすると、このとき笑顔は消えていたはずです。

スラスラ感のときでも、脳の記憶機能が衰《おとろ》えることはありません。それより、笑顔でいると心地良く感じられ、脳内では自由な連想が活発化します。身体も軽やかになって、意欲が増し、行動的になることも確認されています。

難しい課題をメッセージに込めている広告もあるので、一概には言えませんが、広告を見ている視聴者が頭をラクにしているからといって、ブランドに関心がないとは言い切れないように思います。

コーラの実験にみるブランドの効用

もうひとつ、ブランドをマネジメントする人たちを嘆《なげ》かせた実験を紹介します。有名なコカ・コーラとペプシの味覚テストです。

ブラインド（目隠し）による味覚テスト自体は、すでに何度となく行なわれてきました。最初に仕掛けたのはペプシで、1970年代のことだったと聞いています。

どちらが美味しいか。ブランド名を伏せられた状態で飲むと、いつもコカ・コーラを愛飲している人たちでさえ、その約半数がペプシの入っているコップを指します。

このことはペプシの広告にも使われているので、よく知られていることですが、このとき、脳内ではどんな反応が起きているのかを調べる実験が2004年に行なわれました。

この実験で使われたのは、機能的磁気共鳴画像（f‐MRI）装置でした。先述した脳波計測器と違って、f‐MRI装置では横になってじっとしていなければならないので、コーラを飲んでもらうのは大変です。試飲者に長いチューブを口にくわえてもらって、遠くからポンプを押してコーラを流し込んだそうです。

結果ですが、どちらのコーラを飲んでも脳の腹内側前頭前野での血流が活発になりました。甘い炭酸水を味わって純粋に美味しいと感じたためと考えられます。

次いで、ブランドの画像を見せてから飲んでもらったときは、海馬《かいば》と背外側前頭前野でも血流が活発になりました。どちらのブランドとも活性しましたが、コカ・コーラのほうがより強い反応が見られました。特に、コカ・コーラ好きを自認する人々では反応が強く出ました。

脳の前頭前野での腹内側《ふくないそく》と背外側《はいがいそく》の2つの部位の関係は、理化学研究所が2013年に発表した「喫煙欲求」に関する研究が分かりやすいと思います（図表1－5）。同研究所が解明したタバコの紫煙《しえん》が刺激となって喫煙欲求を起こす脳内の反応は、ブランドの影響とそっくりです。

背外側では状況（環境）に応じた高次な認知処理が行なわれ、その情報が腹内側に送られて価値判断されます。両間（図表の矢印間）の神経ネットワークの連携で、行動を促進したり、抑制したりします。

背外側前頭前野に表われたこの反応こそ、ブランドの正体と言えましょう。コカ・コーラだと知って飲んだ人の腹内側前頭前野ではその情報に基づいて判断がされます。う〜ん、やっぱりコカ・コーラは美味しい！

図表 1-5　前頭前野の腹内側と背外側

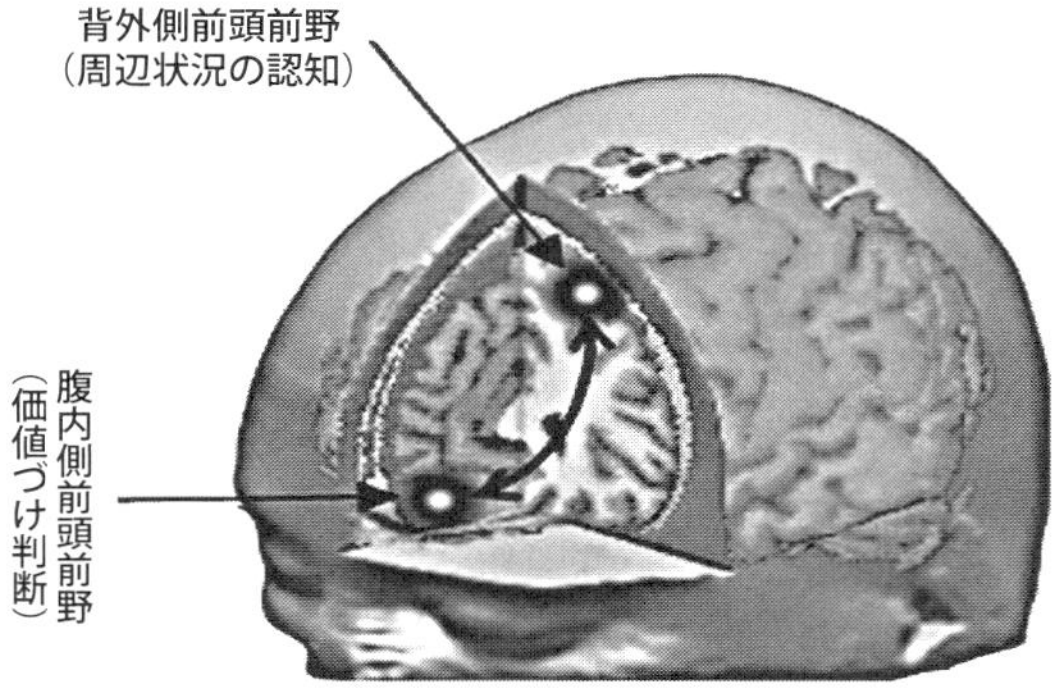

理化学研究所 2013 年 1 月公表資料より

アイデンティティから関係性へ

ブランドは、もともと商品を選ぶ際の重要な判断基準になるよう開発されています。コーラに限らず、さまざまな商品でブラインドの味覚テストが行なわれていますが、多くの人が、いつも愛用している商品さえ当てることができません。ブランドが選好の助けになるのは、想定されたことです。

実際には、助けどころか、中身（味わい）の評価まで変えてしまうほどに、影響力を持っていました。

商品開発に携《たずさ》わっている人々は、まず中身を重視します。もちろん外見も重要ですが、中身との相性やバランス、統一性を勘案《かんあん》しながら総合的に今日的な価値を付加して、商品に仕上げます。消費者は、商品を総合的に評価して共感や信頼を寄せると同時に、中身の差異もきちんと理解してくれているものと思っていたのです。

また、ブランドをマネジメントしている人々は、ブランドのアイデンティティ（環境や時間の変化にも耐え得る固有の特徴や個性）を大事にします。人を評して「あの人は一貫している」とか「ブレない人」と言うとき、ほめ言葉であるのと同じく、ブランドもアイデンティティを評価されるよう磨《みが》いてきました。消費者は、そのアイデンティティに価値を認め、いいイメージを重ねてくれているものと思っていたのです。

ブランドは、企業にとって土地や建物などの財産、資金、人材に次ぐ「第４の資産」と言われることもありますが、他の資産のように企業の中にはありません。ブランド研究で日本の第一人者である平林千春《ひらばやしちはる》氏は「消費者の頭の中にある」と表現しました。

文字通り、消費者の頭の中から見つかりました。ブランドの正体を目で見た効果は絶大です。商品開発やブランドマネジメントに携わる人々は震撼《しんかん》したそうです。

消費者の評価や判断は、状況（環境）に大きく左右されます。それはまったく一貫していませんでした。口では一貫性を良しとしながら、自分の判断や行動はそれに反していたのです。

すると、自分は違うと思われる方もいるでしょう。一方、そういえばコロコロ意見を変える友人や知人の顔もチラホラ浮かんできたはずです。残念ながら、その友人や知人はあなたの顔を思い浮かべたかもしれません。

これも脳による「錯覚」のひとつと考えられます。脳は、過去に自分がどんな意見を持っていたかを正確に思い出すことができません。直前まで考えていたことでさえ、少しでも新しい意見を取り入れた途端に再現不能になってしまいます。無理に思い出そうとしても、現在の意見にすり替わってしまい、多くの場合は、意見を変えたことすら気づかないままです。

一方、ブランドのマネジメントの方向性は変わってきました。アイデンティティにこだわるより、消費者との関係性をどう強化していくかに力を注《そそ》ぐようになっています。

「サブリミナル効果」とは⁉

ブランドが、私たちの脳にどのような影響を与えているかをｆ‐ＭＲＩ装置を通してではあったにしろ、目の当たりにすると、これまで自分で判断し、選択してきたと思っていた前提が崩れてしまったようです。

ブランドは自分の意思で良いと判断したはず。なぜ良いのか聞かれれば、答えることもできます。しかし、ブランドを見ただけで、中身の味わいが変わって感じられたのも事実で、その影響に自分では気づかないだけです。気づかない以上、意識的に判断から除外することもできません。

もっとも、他人のしぐさをみれば、何となく理解できます。たとえば、ワインは価格を明かした途端に高額なほど美味しいという人が増えたり、前衛的な絵画も栄《は》えある賞を受けたと知ると評価を高める人が増えたり。といって、急に評価を高めた人に理由を聞いても「最初からいいと思っていた云々《うんぬん》」という返事を聞くことになるでし

図表 1-6　ブランド選好への影響度

（最大値 1）

感覚 ＼ ブランド	コカ・コーラ	ペプシ
味　覚	0.44	0.43
嗅　覚	0.16	0.15
視　覚	0.08	0.05

マーチン・リンストローム著「五感刺激のブランド戦略」（ダイヤモンド社刊）より

ょう。価格や賞に影響を受けていることに気づきませんし、先述したように、以前の自分の考えを正確に思い出すことができないからです。

　こうした感覚を利用しようとしたのが、一時話題となった「サブリミナル効果」です。話題になったおかげで研究も進み、現在ではその効果はほんのわずかであることが分かっています。

　映画の上映中に一瞬「コーラ」と挿入《そうにゅう》することを繰り返したら、映画館のコカ・コーラの売上げが上がったとされました。同じように「ビーフ」で試す実験もされていますが、挿入しない映画を観たグループより「お腹が空いた」と感じる人が多かったくらいで、特段に牛肉が食べたくなったわけではなかったようです。それなら、映画の中で登場人物が美味しそうに牛肉を食べるシーンを見たほうが、ずっと効果がありそうです。

ブランドや価格などが及ぼす影響も、実際にはわずかなものです。

図表1－6は、ブランド研究で世界的に権威あるマーチン・リンストローム氏のグループが行なったコカ・コーラとペプシの「ブランドセンス調査」の結果です。各ブランドの愛飲者が、ブランドから受ける感覚（ここでは味覚、嗅覚、視覚）刺激によりブランド選好に及ぼす影響を数値化（スコアの最大値は1）したものですが、各ブランド愛飲者の意識にほとんど差のないことが分かります。どちらのブランドも味覚が選好に大きな影響を与えています。

しかし、ブランドから受けるわずかな影響が、ブランドの選好にまで及ぶには、他のブランドと区別される「そのブランドに特化した刺激」をつくり上げる必要があります。

消費者の感覚（五感）刺激を通して、消費者と絆を結ぶブランドづくりを提唱しているリンストローム氏も、難しくて、時間の掛かることだと言います。

コカ・コーラの場合、中身より消費者イメージを重視して広告や宣伝、キャンペーンに力を注いできたことが功《こう》を奏《そう》したと言えますが、コカ・コーラの１８８６年の発売時からすれば、ゆうに１００年を超える月日が経《た》っています。その間のコカ・コーラの奮闘ぶりを考え合わせれば、まさに、ブランドは「一日にしてならず」です。

先に挙げた図表１－５（47ページ）の理化学研究所の公表資料では、背外側前頭前野と腹内側前頭前野とを結ぶ神経ネットワークが強化されることで、タバコなど薬物への「依存」が起こる可能性を示唆《しさ》しています。

同時に、タバコ好きの客室乗務員は、航空機の飛行時間が長くても禁煙できますが、もうすぐタバコが吸えると思う着陸直前に強い喫煙欲求に襲《おそ》われることを紹介しています。禁煙できるのは、周りの状況をよく認知して、腹内側に情報を送る背外側によって欲求を自然に抑えているためと考えられます。

一方、着陸直前の欲求は、期待感から来るもので、先述したドーパミンの「報酬系」によるものでしょう。欲求が満たされることを繰り返し学習することで、期待感による報酬系は強化されます。

刺激は繰り返されることで、先のリンストローム氏のブランドづくりで言うところの「消費者と絆を結ぶ」ことができます。

止められない連想——物語好き！

私たちの脳が、一貫性なく、状況に任せて判断を変えているとしても、私たちは一貫性が大好きです。

「事実は小説より奇なり」と言うとき、事実には理解しがたいことが多くて物語のようにつじつまが合わないという意味が含まれ、その裏には物語のように「ああ、なるほど！」と納得したいという願望があります。

進化人類学者のロビン・ダンバー氏は「気のおけないつながりは150人（ダンバー数）」と喝破《かっぱ》したことで有名ですが、つながりの元に「遠い昔から物語を話し、物語を愛してきた」人類史があると言います。

昔ながらの物語には、たいてい定型があります。内容は自分たちの起源であったり、コミュニティへの帰属意識を育《はぐく》むものであったりしますが、話術の巧《たく》みな話し手は「聴衆の感情を意のままに操《あやつ》る」のです。

現代では「一方的に物語を提供するのではなく、消費者の紡《つむ》ぎ出すストーリーをうまくアレンジして戻していく時代かもしれない」と言うのは、ブランドづくりに詳しい社会学者の山川《やまかわ》悟《さとる》氏です。

ＲＰＧ（ロールプレイングゲーム）にはプレイヤーによって異なる物語の結末が用意されていたり、ブログやＳＮＳ（ソーシャルネットワーキングサービス）では元ネタを各自の物語に語り直したりしています。

しかし、現代まで物語の定型は残っています。昔からの物語構造は普遍的で、山川氏によれば「越境→危機→成長→勝利」という流れに収まります。

主人公の環境変化（越境）→主人公が克服しなければならない課題の出現（危機）→主人公への協力や助け（成長）→主人公が新たな価値を発見（勝利）

極め付けの成長譚《たん》です。ありふれた筋書きですが、当事者となって振る舞ってみると、何度でも経験したくなるものです。いろいろ試行錯誤や回り道はしても、勝利へと向かう筋道に一貫性があります。途中のドキドキ感やワクワク感が強いほど、勝利に至ったときのカタルシスも大きくなるでしょう。ゴールしたとき、物語を伴走してくれたブランドとの絆も深まっているのです。

ブランドと金銭感覚

ブランドも、買い物の場面では選択肢のひとつである限り、金銭に換算されます。一般的に、愛着のあるものほど人はお金を掛けることを惜しまなくなります。また、価値のあるものは高額で、高額なものには価値があると考えがちです。これにしたがえば、ブランドに愛着を感じている人は、高額なほど自分の選択したブランドの価値が高いと感じて、満足するでしょう。

その一方で、ブランドの物語によっては、金銭的なイメージから遠くにあってほしいと思うこともあります。

心理学者の実験によるものですが、金銭を連想しやすい環境にいる人は、利己的な行動をとる傾向が見られると言います。ちょっとした人助けを面倒がり、他人との距離を置くようになるのです。

物語の定型に沿《そ》えば、帰属意識が高まり、助け合いの心を育むでしょう。それが、ブランドを手に入れる段になって、金銭から連想を広げて利己的になってしまうのは、できれば避けたいものです。

しかし、これまでお話ししてきたように、連想は意識しても止めることはできません。じわりと私たちの行動に影響を与えるのです。

人の本質は利他的であることが分かっています。ブランドとの絆を結ぶせっかくの物語が、買い物行動で台無しにならないことを祈るばかりです。

第2章　数字は甘～くささやく

1. 価格のマジック

数値に感情移入される損得勘定

消費税が2014年4月に5％から8％に引き上げられるのに伴い、買い物の場での価格表示に変化がありました。

これまで消費税額を含めた価格の「総額（税込価格）」で表示されていましたが、税抜きの「本体価格（外税価格）」で表示してもいいことになったからです。消費増税による事務負担の緩和を目的に、次回予定されている消費税率引き上げ後の2017年3月まで時限的に（期間を限定して）認められました。

大きく「本体価格」が表示され、その下に小さく「税込価格」が付けられていることもあります。

いつも買っていた商品の「本体価格」を目にして感じるのは、5％の税率の重みです。税抜きの本体価格が、何となく安く思われるからです。実際に買うと8％の税率が加算されますので、これまでよりは高くなります。さらに、消費税の重みを感じます。

一方、以前から「○曜日は全品５％ｏｆｆ」とか「毎月○日と○日は５％割引デー」のようなセール（特売）をする店舗がありました。増税後も続けているところが多いようです。たいてい買い物の総額からレジ精算時に５％分を引いてくれるのですが、レシートを見て感じるのは、５％の軽さです。さほど安くなったようには思われないからです。

どちらも同じ５％なのに、ずいぶんと違って感じられるものです。

数字それ自体は客観的なものでも、私たちが主観的に眺《なが》めているからでしょう。時と場合によって判断や価値付けが変わってしまうのは、人の感覚の特徴です。

つまり、自分が負担するとなると５％でも損した気分になり、負担が軽減されるときはたった５％に思われてあまり得した気分にならないということです。

「損」したと思えば、気分は「マイナス」に引っ張られます。逆に「得」したと思ったときは、気分が「プラス」に引き上がると考えてみましょう。

「損した気分」のマイナスの大きさが、「得した気分」のプラスの割合より大きければ、同じ5％でも、損した気分の大きさに比べ、得した気分はわずかにしか感じられないことになります。

単なる数値に感情移入してしまうのは、私たちに「損得勘定」が働いているからです。

損得勘定グラフにみる「損」「得」の分岐点

自分にとって損か得かを判断する「損得勘定」は、図表2－1のようなグラフで表わすことができます。100円（たった100円なんてと思われる方は100万円で考えてください）を「得」したときの「プラスの気分割合」に対して、同じ100円（100万円）を「損」したときの「マイナスの気分割合」のほうがずっと大きくなっています。

マイナスの気分割合は、プラスの気分割合の1・5倍から2・5倍くらいになることも分かっています。それを突き止めたのは、ダニエル・カーネマン氏とエイモス・

図表2-1　損得勘定グラフ

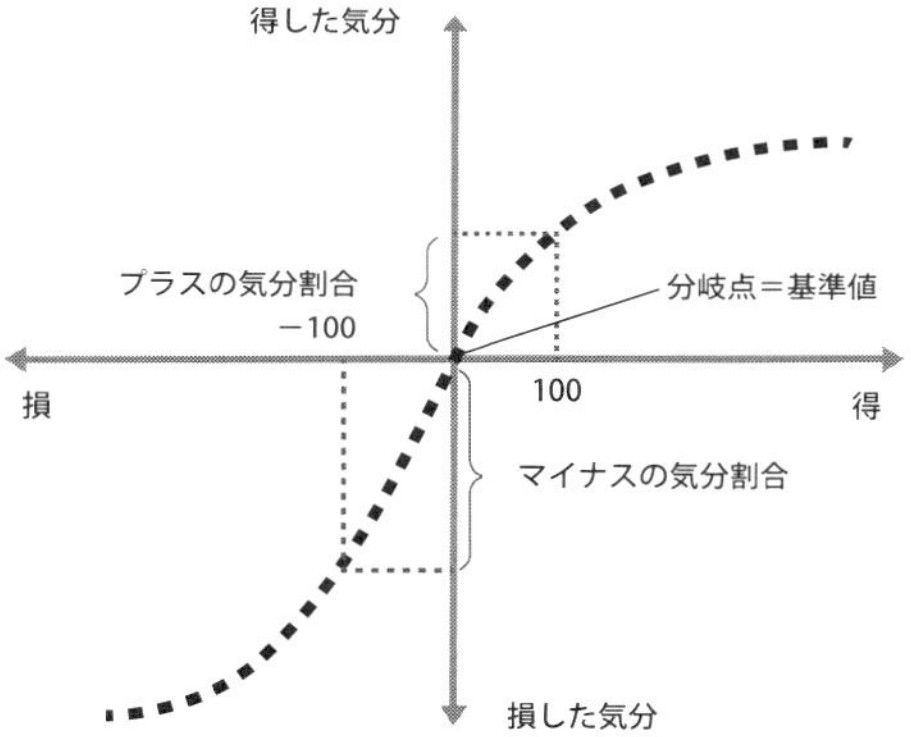

トベルスキー氏です。カーネマン氏は、この大本となる理論（プロスペクト理論）によって、2002年にノーベル経済学賞を受賞しています。

図表2－1では、「損得勘定グラフ」として簡略化しました。特徴は、グラフの線がS字に曲がることと、そのS字は上部が下部よりゆるやかな曲線になることです。つまり、上下が非対称でいびつなS字を描きます。

これによって、先ほどから話題にしている「損」は「得」より大きく感じられることの他に、「損」も「得」も金額が大きくなるほど感じ方が小さく緩慢《かんまん》になることも分かります。

たとえば、何千万円もする住宅を購入した人は、ついでに、家具や家電製品を購入することを苦に思わないとか、何百万円という車を購入した人が、同時に、高価なカーナビやカーステレオを付けることもあります。大きな買い物をするとき、それに付随して買うものは相対的に小さく見えてしまうものです。家具や家電製品だけを買うなら、いろいろ情報を集めて吟味したのに、住宅を買ったついでに買う場合は、住宅を吟味したほどには価格にこだわらず、買った住宅に相応《ふさわ》しいとか、自分の好みに合うとかいった理由で選んでしまうのでしょう。家具や家電製品も、単体で見れば高額ですが、もっと高額な住宅から見ればずっと安く感じられるからです。

これも、状況や環境によって、人の「損得勘定」が変わってしまうために起こります。では、損とか得とか思う損得勘定の分岐点はどこにあるのでしょう。

損得勘定の分岐点は、自分の置かれている状況だとすれば「現状」ですが、こんな場合も考えてみてください。

買いたいなと思っている商品が１万円くらいします。あるとき、その商品に８０００円の値札が付いていました。これは「お買い得」と思ってレジで精算してみたら１万円を請求されました。何でも８０００円は昨日までの特売価格で、今日は１万円に戻っていたからです。値札を付け替えるのを忘れていただけでした。さて、あなたはどう感じますか。

もともと買いたい商品は１万円くらいだったので、１万円を「基準値」とすれば１万円で買っても損とも得とも思わないはずです。しかし、一旦《いったん》は８０００円で買えると思ったのですから、基準値も８０００円になったとすれば１万円で買うのは２０００円も損したように感じられるでしょう。

自分が置かれている現状だけでなく、自分の期待する状況も、基準値（分岐点）になります。

たとえば、資格試験に合格したらご褒美《ほうび》に１万円相当のものを買ってあげると言われていて、実際に合格したとき買ってもらったものが、８０００円だったらがっかりします。一方、合格したご褒美に何か買ってあげると言われて、たぶん５０００円相当くらいだろうと思っていたら、８０００円だった場合は嬉しくなります。

どちらも同じ８０００円相当のものを買ってもらい、まったく損をしていないのに、喜んだりがっかりしたり。もし喜びをできるだけ大きくしたいのなら、基準値は下げ、あまり期待しないほうがいいでしょう。

これまでのところを整理してみると、損得勘定にはだいたい３つの特徴が見られます。

① 損した気分は、得した気分より強く感じられる。
② 損か得かの分岐点は、置かれている状況や期待している状況により、どう判断したかの基準値で損得の気分に割れる。
③ 損得ともに基準値から離れるほど、感情の起伏は小さくなる。

妥当な価格はいくら?

商品の価値≧価格のとき、私たちはその買い物に満足します。いわゆるコストパフォーマンスがよかったわけです。

この前提として、私たちは商品の価値（品質）を評価し、妥当な価格に置き換える能力を備《そな》えていることになります。

普段の買い物でも、さほど迷うことなく、心のうちにある自分の基準に照らして商品の価値と価格を比較し、買うかどうかの判断をしているように思えます。

最終的に、商品の価値を認めて買っているのは消費者です。こうした個々の消費者の買い物行動が、需要を担《にな》っています。

言い換えれば、消費者が必要としたり、ほしいと思ったりしない商品は淘汰《とうた》されます。生産者や販売者は、消費者が気に入ってくれそうな商品を供給します。したがって、いまある商品は、消費者が求めているものということになります。

同じように、商品の価格も、消費者が決めていると言われます。生産者や販売者が好き勝手に価格を付けても、消費者が妥当だと思わない価格は淘汰されてしまうからです。供給側は、消費者に買ってもらえそうな価格を付けることになります。

以前は、消費者の買いたい欲求（需要）と生産者や販売者の売りたい欲求（供給）

はそれぞれ独立していて、そのバランスの上に価格が成り立つと考えられていました。しかし、供給側が消費者に配慮するようになった現代では、消費者に主導権がある（消費者主権）と考えられるようになりました。

ところが、これまで見たこともない商品をポンと出されて、妥当な価格はいくらか問われたら、どうでしょう。

たいていの人は困ると思います。何しろ初めて見る商品です。価値をどう見積もっていいのか分からないからです。

それでも、商品をよく見て検討すれば、納得のいく価格を見つけることができるはずだと考えます。本当は、商品の価値を評価し、妥当な価格を導き出せると思ってきたことのほうが間違いだったとは考えません。

といって、当てずっぽうで言うのはあまりに勇気がいることです。とりあえず、ヒントになるようなものを探します。

このときの方法は2つです。ひとつは、自分の内にある過去の経験や記憶にヒントを探す方法です。似たような商品を思い浮かべ、ここはいいとかあそこはダメとか比較して、その知っている商品の価格を基準に引いたり足したりして推測するのです。

もうひとつは、目の前にある数字に手っ取り早く飛びつく方法です。どんな数字でも構いません。妥当な価格を考え始めたときに最初に目にした数字をもとに、妥当な価格を推測するのです。

ひとつ目の方法はともかく、２つ目の方法には、誰もがそんないい加減なことを自分はできないし、実際にしていないと思われるでしょう。

無理もありません。すべては、無意識のうちに行なわれていることです。

残念ながら、参考にする数字が、目の前ではなく頭の中にあったものだとしても、正確さが増すわけではないようです。

それより、商品そのものの価値を見極める能力などなかったと認めることのほうがショックです。これを認めれば、商品の品質や価格は消費者の主導で決めているという現代の消費者主権も、崩れることになります。

自分でも気づかない束縛する価格

にわかには信じがたいことです。商品を見たときに妥当な価格はこれくらいと感じる知覚はリアルなものです。もし、この感覚が自分の判断によるものじゃないとしたら、何だというのでしょう？

事例を紹介しましょう。ユニークな実験で2008年にイグ・ノーベル賞を受賞した経済学者のダン・アリエリー氏のグループが行なった実験を簡略にしてみました。まず、ご一緒に体験してください。

目の前に2本のワインが並んでいるところを想像してください。並んでいるのは、図表2－2のワインです。

1本目：コート・デュ・ローヌ・パラレル45・ルージュ（2010年）
2本目：エルミタージュ・ラ・シャペル・ルージュ（2009年）

図表 2-2　実験の対象商品

1本目：コート・デュ・ローヌ・パラレル45・ルージュ2010

ワイナリー名　　ポールジャブレエネ
産地　　フランス・コート・デュ・ローヌ
コメント　　『ワインスペクテータ』誌で８７ポイント獲得

２本目：エルミタージュ・ラ・シャペル・ルージュ2009

ワイナリー名　　ポールジャブレエネ
産地　　フランス・コート・デュ・ローヌ・北部・エルミタージュ
コメント　２０世紀最高の１本に選ばれたフラッグシップワイン

写真：株式会社トスカニー東京オフィス楽天市場 HPより

価格付けの参考のために、ワインを簡単に紹介しますと、どちらもフランスのコート・デュ・ローヌ地方を代表するワイナリーのジャブレ社のものです。1本目のワインは、口当たりのよいミディアムボディで、『ワインスペクテータ』誌で87ポイントを獲得しました。2本目は、シラー種100%のフルボディで生産量が限られ、かつてのビンテージではパーカーポイント90点以上の高得点を何度も獲得しています。

次に、紙と筆記具を用意してください。

① 任意の2桁《けた》の数字を書いてください。
② その2桁の数字を100倍した金額を隣に書き込み、各ワインの購入代金として支払ってもいいかどうか、それぞれイエス、ノーで答えてください。
③ 最後に、実際にワインを手に入れるのに支払ってもいい金額(最高額)を、各ワインについて記入してください。

さて、あなたが最初に書いた数字は、最高額を決めるときに参考になりましたか?

もちろん「ありえない！」ですよね。

アリエリー氏が行なった実験の参加者たちも言下にそう言いました。しかし、実際にはゆるやかな相関（類似性）が見られ、最初の数字に80〜99を記した人たちの金額の平均は、最初の数字に01〜19を記した人たちより、どちらのワインも３・２倍以上高くなりました。

また、２本のワインの金額を比べると、ほとんどの人が１本目よりも２本目のほうを高く見積もりました。ワイン間の価格差が考慮されているのは、どちらも最初の数字に影響を受けたからです。

まったく関係ない数字でも、最初に決めた数字の影響を引きずって束縛《そくばく》を受けてしまうことをアリエリー氏は「理由なき一貫性」と呼んでいます。

やっかいなのは、最初の数字は、その後も同じカテゴリーの商品を買おうとするたびに影響を行使してくることです。

この最初の数字は、よく「杭《くい》」に喩《たと》えられます。ポンと打ち込まれた杭に、私たちは目に見えない鎖でつながれます。鎖が届く範囲は自由に動き回れますが、それより遠くへは行けません。杭の周りをうろうろするだけ。それ以上の自由は束縛されるのです。

しかし、鎖は目に見えないので、自分が束縛されていることすら気づきません。鎖を切って自由になろうという発想もないわけです。

逃れられない!? 最初に知った価格

買い物をするとき、値札を確認する人は多いと思います。購買者アンケートで、購入時に気にする要素として「価格」を挙げる人の割合はたいてい8割を超えます。

先の実験のように、価格に関する情報がまったくなく、支払ってもいい金額を決めるという状況は、普通に買い物しているときにはないことでしょう。

それゆえ、最初に買おうと思って目にした価格に、たいていは束縛されることになります。最初に目にする価格とは、「(当店)通常価格」「特売価格」「メーカー希望小売価格」「市価」などです。

単に価格を目にしただけでは、束縛は起こりません。買おうという欲求が湧いたとき、杭は打たれるのです。

杭として打たれた最初の価格は、その後に同じ商品や似たような商品を買おうと思うたびに、見えない鎖となって、私たちの決断に影響を及ぼし続けます。

何度も買い物しているうちに、最初の価格の記憶は薄れて、その後の価格が取って代わるということはないのでしょうか。

面白いことに、というより、恐るべきことに、最初の価格の影響は絶大で、その後の価格の影響を凌駕《りょうが》することが分かっています。つまり、最初の価格にずっと束縛され続けるのです。

無意識とはいえ、それほどに最初の価格に捕《とら》われているとは、普段生活している感覚からすると信じがたいことです。

そこで、ちょっと極端な場面を想像してみることにしました。

Ａ：行楽地でのどが渇いたので自動販売機で飲み物を買おうとしたとき、いつも１

00円程度で売っている飲料が1000円だったら？

B：雰囲気の素敵な高級バーで先の飲料が美しいグラスに見た目も爽《さわ》やかに注がれ、最適な温度で最高の飲み心地であったとき、その価格が1000円だったら？

行楽地の自動販売機の場合は、驚くかもしれませんが、のどの渇きの程度によっては買うでしょう。決して価格が妥当だとは思わなくても買うわけです。

一方、雰囲気の素敵な高級バーの場合は、たぶん価格には驚かないでしょうし、提供してくれる場所やサービスのレベル、そのための人手を考えたら安いとさえ思うかもしれません。ただし、せっかくの高級バーですから普段飲めるものでなく、別のもっと高価な飲み物を選びたいと思います。

元の飲料の本質は何も変わっていません。変わったのは、私たちの置かれている状況です。Aの場面では、元の飲料の価格に影響されて1000円を高いと判断しました。もっとも、価格は妥当ではないと判断しても、買ってしまうことがあります。

Ｂの場面では、店内の雰囲気やサービスに加えて、美しいグラスに注がれ、たぶんネーミングも洒落《しゃれ》たものになり、外見は元の飲料と似ても似つかないものになりました。新しい商品と見なし、１０００円を最初の価格として受け入れたと考えられます。

たとえば、既存の商品でも、リニューアルによって新しいイメージをまとえば、新しい価格（たいていは値上げ）を私たちは受け入れてしまうことになります。最初の価格にあらがう術《すべ》を私たちは持ち合わせていません。

また、消費税の値上げにおいても、店内の雰囲気を変えたり、商品のリニューアルを図ったりすると、新しい価格をすんなり受け入れてしまうかもしれません。

１万２０００円のシュークリーム

プロ野球の東北楽天《とうほくらくてん》ゴールデンイーグルスが優勝した２０１３年の秋、球団を所有する楽天は、運営するショッピングサイト「楽天市場」で優勝記念の「日本一セール」を行ないました。監督の背番号77にちなんだ「77％引き」商品がずらりと並び話題になりましたが、なかでもひときわ話題を集めたのが「10個入り1万2000円の抹茶《まっちゃ》シュークリーム」でした。

1万2000円は元の価格（通常価格）で、77％引きセールの特売価格は2600円でしたが、サイトを見た人たちは買値ではなく、元値として表示されていた1万2000円に目が釘付《くぎづ》けになったのです。

1万2000円のシュークリームって？……見たことない！

楽天が調査したところ、77％引きセールのために通常価格を吊《つ》り上げて77％引きに見せかける不当な価格表示をした商品が、17店舗1045商品も見つかりました。今後の不正を防ぐために、楽天市場ではセール（特売）期間中の価格表示をひとつだけにするよう改めることにしました。

1万2000円のシュークリームに端《たん》を発して分かったのは、不当な価格表示をしていた商品が少なくなかったことです。しかも、不当な価格表示と認められた商品のなかに、当のシュークリームは含まれていません。出品者によれば「（故意ではなく）手違いで、サイト上に間違った通常価格が表示されてしまった」からです。

確かに、1万2000円もするシュークリームを目にする機会はそうそうないので、誰しも不審に思います。そんな見え透《す》いたウソを売り手もつかないでしょう。問題は、何となくそれっぽい価格を表示されたら、私たちに不当表示かどうか見抜く力がないことです。

不当な価格であったとしても、初めての価格の前に、私たちはなす術もありません。つまり、価格の提示の仕方次第で、私たちが妥当だと思う価格は、いくらでも操作されてしまうのです。そうして操作されたことに私たちは気づかないばかりか、自分の意思で判断したかのように感じています。

その後、楽天市場の不当な価格表示について、新たな事実が分かりました。表示価格の操作は、楽天側の担当者が出品者に提案していたことでした。しかも、不正を持ちかけていた担当者は1人ではありませんでした。最も気になったのは、担当者たちが口にしたという言葉です。「それほど悪いことだと認識していなかった」

価格の相対化は売り手の方便

楽天市場の不当な価格表示は、販売価格が77％引きのお得な価格に見えるように、通常価格を不正に操作したものでした。実際の販売価格はそのまま、表示通りの価格で販売されました。不正に操作してまで通常価格を表示したのは、販売価格の安さを強調するためです。

このように、販売価格（特売価格）を安く見せるために、比較しやすい価格を一緒に表示する仕方は、よく見かけます。

たとえば、いま手元にある新聞の頁《ページ》を繰《く》っただけで、すぐに、健康食品の広告でこんな価格表示を見つけました。

「通常価格５８５８円＋税→キャンペーン価格２９２９円＋税、初回購入のみ半額！」

この健康食品の購入を検討するとき、価格表示はどのように参考になりますか。ちょっとシミュレーションしてみましょう。

まず、キャンペーン価格と聞くだけで、私たちは「お買い得」のイメージを持ちます。次いで、どれだけ「お得」なのか、通常価格や割引率などを手がかりに見極めます。

同種の健康食品を購入あるいは以前に検討した経験のある人なら、通常価格５８５８円（税抜）が妥当かどうかピンとくるでしょうが、初めての人には分かりません。同じくキャンペーン価格だけを見ても、初めての人には判断がつきかねます。

しかし、通常価格とキャンペーン価格を比べれば、かなり安くなっていることが分かります。しかも、ご丁寧に「半額！」と表示されています。２つの価格を見比べるより、ずばり「差」を目にすることでスルッと頭に入ってきます。この機会に試してみようと思うかもしれません。

楽天市場では、今後は販売価格だけを表示するとしていますが、割引率を表示すれば同じことでしょう。

お買い得かどうかは、価格の見方（見せ方）でいくらでも変わります。別の見方をしてみることが重要ですが、それには注意力と努力が必要です。努力はエネルギーを要するうえに、時間がかかります。一方、頭の中にスルッと入り込んでくると、もう疑うのが難しくなります。

こんな言い方をすると、まるで売り手は買い手をだましているみたいですが、売り手の方便（目的を達成するための戦略的な手段）が、すべて悪いとは言えません。

方便は、ときとして過熱し逸脱《いつだつ》するものなので、それを規制したり取り締まったりするルール（法律など）が整備されてきました。すべてが悪いのならピシッと禁止してしまえばいいはずです。一定のルールの下に認められるのには、それなりの理由があります。

買い手も、販売価格と比較する価格を欲しているからです。オープン価格が登場した当初、消費者の不評が多くてびっくりしました。最近は、ネットで簡単に価格を比較できるようになって、オープン価格も受け入れられました。その代わり、情報量が増えて別の意味での努力が必要になりましたが。

比較する価格を欲するのは、「お得」な買い物であることを確認したいからです。価格を見比べれば、はっきり分かります。損な買い物はしていません。自分の買い物行動には一貫性があると、自分で自分を納得させる手がかりになります。もちろん、他人に対しても胸を張れます。

私たちが商品の価値をちゃんと評価して妥当な価格を自分で判断できると思っているのなら、自分の判断に従うだけでよく、価格を比較する必要はないはずです。価格を比べたがるのは、一見して矛盾しています。

しかし、意識の上では一貫しています。自分は判断できると思うことと、その判断を相対化して評価することは別だからです。

実際に、私たちは何かと比較して差異を見つけたがります。よく知ることほど、ほんの些細《ささい》な違いも大きく拡大して評価します。ときに比較しなくていいもの（ボーナスとか容姿とか）を比較して、ひどく心乱されることもあるくらいです。

１０００円と９９９円の差

値札に１０００円とあるのと９９９円とあるのでは、ほんの１円の違いですが、１円よりはもう少し大きな違いに感じられます。

4桁と3桁の違いでしょうか。確かに、この違いは大きいと思います。それなら、3000円と2980円とか、5000円と4980円はどうでしょう。どれも4桁です。

家電専門店などで買い物するとき、商品に付された値札の価格を見ながら、値下げ交渉をすることがあります。最初の価格は、たいてい5000円とか1万円といった「ちょっきり価格」でなく、4980円とか9800円などの「半端な価格」が多いように思います。

最初の価格がちょっきりか半端かで、最終的に妥結する価格が変わるとしたら、どう思いますか?

たとえば、12万円の値札がついた家電製品と11万9800円の値札がついた家電製品とを比べてみましょう。さあ、値下げ交渉の開始です。

最初の価格が12万円のちょっきり価格の場合、11万円もしくは10万円と、値切るほうも1万円単位のちょっきり数字で考え、最終的な価格もちょっきりにしようとします。一方、最初の価格が11万9800円の半端な場合は、11万9000円とか11万4

８００円とか、最終的な価格も半端になりがちです。

すると、最終的な価格は、最初の価格がちょっきりだった12万円のほうが、半端な11万９８００円より安くなってしまいます。これに似た実験は、何度も追試が行なわれていますが、ほぼ同じ傾向が見られます。ちょっきり価格のほうが半端な価格より、値下げ率が大きくなるのです。

たぶん、私たちが価格の端数《はすう》に捕われるからでしょう。

先述した最初の価格（数字）が「杭」になるというたとえ話でみれば、杭につながれる見えない鎖の長さが、ちょっきりと半端では異なることになります。ちょっきりのほうが長いので、最初の価格から離れられますが、半端なほうは、端数に気を取られて、杭の近くをうろうろしている感じです。

そういえば、特売価格も半端なことが多いように思います。あちこちの店舗の特売商品ばかりを買い回ってしまう人のことを「チェリーピッカー（さくらんぼを摘《つ》む人）」という可愛《かわい》らしい名で呼びますが、半端な価格の端数に捕われてしまった人と言えましょう。

チェリーピッカーは、1円でも安く買い物をしたいと思って、特売商品を求めて店舗を回ります。その姿が、色づきのいいチェリーだけをピックアップする姿に重ねられたのですが、本人はいいとこ取りをして、得しているつもりでしょう。

本当に得かどうか、調べてみたことがあります。特売をする店舗に対して、特売せずに毎日低価格で商品を提供することを「エブリデイ・ロー・プライス（EDLP）」と言いますが、EDLPを実践している店舗ですべてを買い揃えた場合と、買い物の総額を比べたところ、チェリーピッカーのほうが高くついていました。

特売の商品自体は安くても、お目当ての商品を買ったついでに別の商品も買ってしまうことが多いからです。現実的に、特売商品だけで日常のすべてを賄《まかな》うのは難しいので、必要なモノは通常価格で買うことになります。こうして、買い物総額を比べてみると、複数の店舗を回っているほうが高くついてしまうのです。

チェリーピッカーは、買い物の総額だけでなく、買い回るための時間というコストもかけています。価格の端数に捕われると、小さな得のために大きなコストを支払ってしまうことにもなるわけです。

買い物予算の決め方

買い物の予算はどう決めていますか。手持ちのお金や収入が限られている以上、出ていくお金に予算を決めるのは当然です。

ところが、予算は往々にしてオーバーします。どんなときにオーバーするでしょう。

予算オーバーしやすいのは、ひとつに、予算額を決めてから最終的な支払いまでの期間が長いとき。当初の希望が変化して、より良いものを求めるようになることを想定していないからです。また、予算額が大雑把《おおざっぱ》なとき。限度額を決めなかったり、オーバーするかもしれない分も見込んでおいたりすると、見事に見込んだ分は使い果たしてしまいます。

決めた予算を守るには、注意と努力が必要なのです。

この点で、普段の買い物は、その時々で買い物を完結すれば、比較的、予算内で収めることができます。

たとえば、食品スーパーで買い物するときのことを想像してみてください。一般に、食品スーパーの客単価（1人のお客が一度に買う金額）の平均は2000円前後と言われます。すると、最も多くのお客さんが2000円前後で買い物しているように思いがちですが、お客さんの数で比較するなら500円前後のほうが多いのです。なぜなら、客単価はどんなに低くてもゼロを下回りませんが、高いほうはほぼ無限大だからです。特別に高額な買い物をするお客さんが1人いるだけで、平均もぐっと上に引っ張られます。

実際に、客単価の分布を折れ線グラフで表わしてみると「ロングテール」を描きます。

ロングテールは、長い尻尾を引きずった恐竜のシルエットです。買い物客数の多い客単価500円前後を頭として、2000円前後は背中の上のほうです。5000円、6000円を過ぎるころから長い尾となり、1万円、2万円を過ぎてもまだ続きます。

このグラフを見ていて気づいたのは、恐竜のシルエットに背びれのような突起《とっき》があることです。ちょうど1000円、2000円、3000円といったちょっきり価格の前後で買い物客数が増えるため、突起のように見えたのです。買い物金額を1000円、2000円、3000円といった予算の内に収めようとする買い物客が多いからではないかと考えました。

客単価がちょっきり前後に集中するのは、先述したように、最初に決めた価格の近くに収まりやすいからです。

普段買い物している店で一度に使う金額をこのくらいと決めている人は多いのではないでしょうか。たとえば、コンビニであれば500円前後とか1000円以内とか、ドラッグストアなら2000円前後とか3000円以内とか。各人の使い方によって決めている額に違いはあっても、店ごとに見れば客単価あたりに収斂《しゅうれん》するように思います。

もっとも、意識しているかどうかは人によって異なるでしょう。ただし、ときに使い過ぎてしまったと反省することがあれば、使える額を決めているからです。

東日本大震災の後で、コンビニのお客さんにインタビューをしたときには「なぜ、あんなに多額の買い物をしたのか、いまでは分からない」といった声をたくさん聞きました。恐怖や今後への不安やらで、普段決めている額に対する注意力が削《そ》がれてしまったからでしょう。

「心理会計」の落とし穴

普段の生活のなかでも、家賃、光熱費、食費、通信費、交通費などに、それぞれいくら必要でいくら使ったか、きちんと記している人もいるでしょうし、そうでなくても頭の中では勘定をしています。

どうジャンル（分類）分けをするか、何に優先的にお金を使うかは各人によって異なりますが、ジャンルごとに使えるお金を割り当てて考えています。たとえば、携帯電話などの通信費を使い過ぎたと思った翌月は、ムダな通話を控えたりします。

ジャンルの数だけ「財布」を用意しているようなものです。

先の買い物の場合に当てはめてみると、コンビニ財布、ドラッグストア財布など、お店ごとに財布があって使える金額を決めているということです。

その財布はもちろん目に見えませんので「メンタル・アカウンティング（心のなかで行なう勘定）」と名付けられています。一般的には「心理会計」と日本語訳されています。

ただし、「心理会計」がよく問題にされるのは、各ジャンルの収支ばかり気にかけ、全体のポートフォリオを見失って損をしてしまう場合です。

たとえば、値下がりした株式は手放さず、代わりに値上がりした株式を売って利益を上げる場合です。ポートフォリオを大事にすれば、将来性のなさそうな株式を売ったほうが全体の利益には適《かな》いますが、そのことにまったく気づかない人が多いことが問題にされるのです。もう少し広い視野で物事を判断すべきだというわけです。

しかし、細かくジャンル分けすることで不利益をこうむる場合もありますが、自己の行動をコントロールしやすくなるというメリットもあります。

たとえば、月々の食費を３万円に抑えようとするのなら、日々の食費を１０００円に抑えようと思ったほうが上手くいきます。月３万円の予算で始めると、月末には底を突いているかもしれません。日々1000円と考えれば、細かく修正を繰り返すことができます。

こうした自己コントロールによって、計画通りの予算を達成する可能性が高まるでしょう。

2. 選択のジレンマ

店選びのキーワード

引っ越しをすると、新しい住まいの周りの環境を知りたくて散歩に出かけます。どこに何があるか、一番近い郵便局、ＡＴＭ（現金自動預払機）、図書館などを確認しながら、特に気になるのは、日常の生活に必要なモノをどこで買うかです。いちおう、目についた店舗は覗《のぞ》いたり、一度は利用してみたりしますが、月日が経って気づいてみると、ほぼ利用する店舗が決まってしまっています。

なぜ、その店を利用するのか。どのように店選びをしているのでしょう。

お店の許可をもらって、店頭で来店するお客さんに訊《き》いてみました。「なぜ、この店を選ばれたのですか？」

最も多い答えは「近いから」です。住まいから近い、職場から近い、仕事の終わった地点から近い、駅から近いなど。そういえば、駐車場から近い、というのもありました。大型の店舗になると、駐車場から店舗の入口まで結構歩くこともありますから、そういう意味での近さです。

近いことが店選びの本質であるなら、駅前の商店街とか、住宅地に隣接する商店街だって、アクセスは悪くないので、もっと利用されてもいいはずです。

図表2―3は、店舗の利用頻度《ひんど》の推移ですが、商店街の中の一般商店の利用頻度は、ずっと下降線を辿《たど》っています。代わって伸びてきたのがコンビニエンスストアです。コンビニは店舗数が多いので、確かに近くにあると感じるでしょう。一方、一般商店の数は減っています。

以前、商店街の中で雑貨店を営む店主さんにちょっとぶしつけな質問をしたことがあります。「商店街の中の魚屋さん、肉屋さん、八百屋さんを、普段利用されますか?」

「ええ、商店街の付き合いもありますからねぇ、ときどきは利用しますよ」という返事でしたので、「えっ、ときどきですか……?」と重ねて訊きますと、困った顔になって「う〜ん、言っちゃ悪いんだけど、買うものがないんで、毎日はとても……」

図表 2-3　店別平均利用頻度の推移

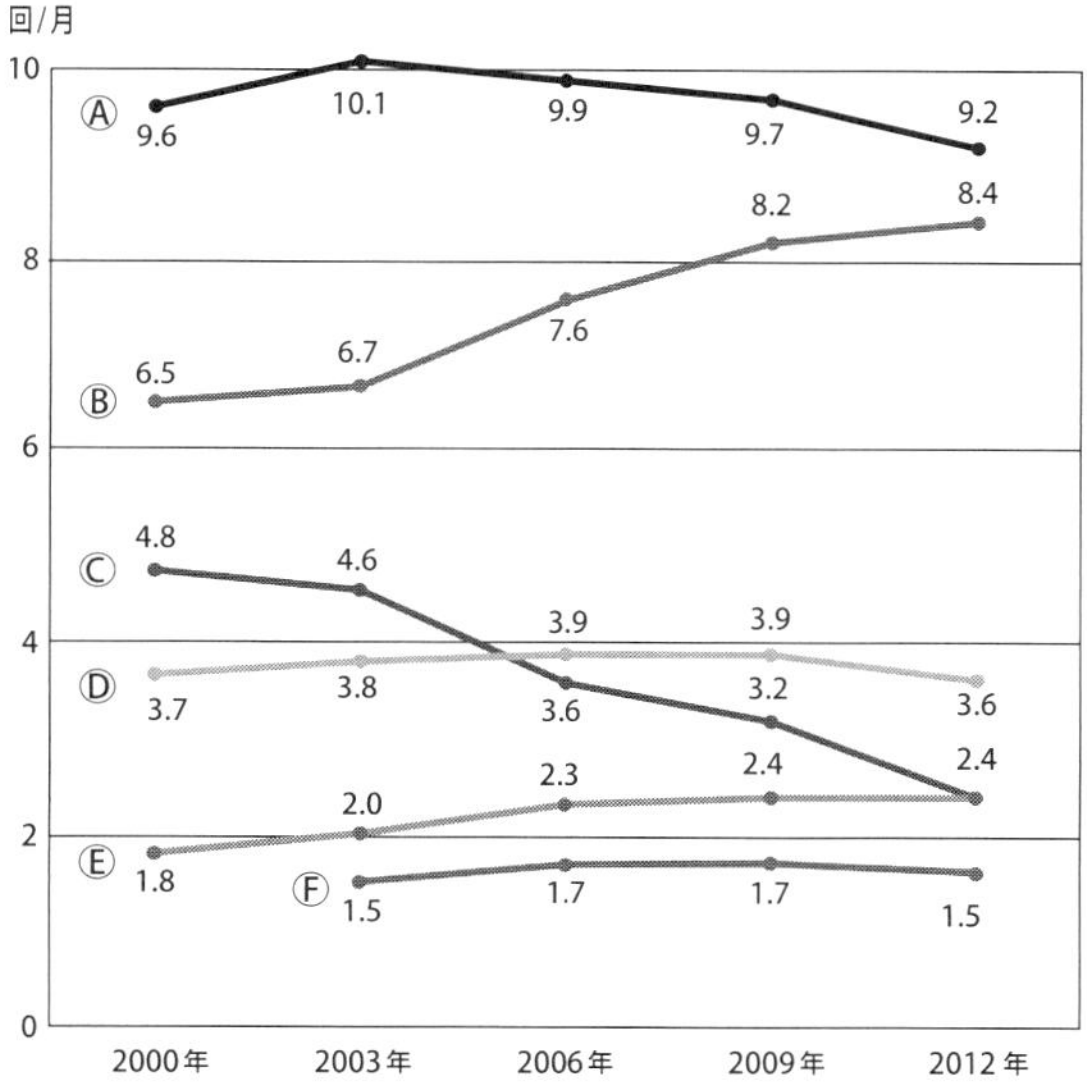

NRI「生活者 1 万人アンケート調査 2012 年」（各チャンネルの利用度の回答結果を加重平均して算出）

Ⓐ 食品スーパー

Ⓑ コンビニエンスストア

Ⓒ 商店街の一般商店

Ⓓ 大型スーパー

Ⓔ ドラッグストアー

Ⓕ 均一価格ショップ

商店街の中で最初にシャッターを閉めるのは、肉や魚、野菜といった生鮮品を扱う業種店であることが多いようです。本来、毎日のように利用されるはずの店舗ですが、一旦、客数が減ると商品の鮮度を保つのが難しくなって仕入れ量や品数を減らします。すると、商品が少なくなったと不満に思った客の足が遠のき、さらに客数が減るという悪循環に陥ってしまうのです。

こうして、商店街と言いながら、魚屋さんがなかったり、肉屋さんがなかったり、日常のモノを一通り揃えられない商店街も珍しくなくなりました。

店選びの理由の続きを見ていくと、「品揃えがいい」、「品揃えが豊富」、「商品が自由に選べる」、「選びやすい」、「選択肢が多い」といった答えが並びます。「近い」に加え、店選びに重要なキーワードとして「品揃え」と「選択」を挙げることができます。先の商店街の店主さんが「買うものがない」と言ったのは、「品揃え」と「選択」の問題と言えそうです。

「選べる楽しさ」と品揃えの工夫

カジュアル衣料専門店のユニクロが、１９００円のフリースを発売したのは１９９８年のことでした。それまで５０００円くらいはしていたフリースを半額以下の格安で提供したとして話題になりましたが、私たちを驚かせたのは価格だけでなく、サイズとカラーのバリエーションの豊富さでした。

「ユニクロ、フリース、全50色」

こんな広告に目を見張った記憶があります。実際には、店頭に50色すべてを揃えられた店舗はなかったかもしれませんが、ネットにはすべてのカラーが揃っていました。豊富なカラーバリエーションから好きな色を選べる楽しさを実感した人は多かったと思います。

こうしたユニクロの「品揃えの豊富さ」を誰もが肯定するでしょうが、実は、豊富なのはカラーとサイズで、価格は１９００円のひとつだけ。これは、他店の品揃えと比べると一目瞭然《りょうぜん》で、たいていの店舗では価格もいくつか揃えられています。

たとえば、気に入った色柄やデザインを選んでみたら価格が高かったという経験はありませんか。ユニクロならフリースは何でも1900円なので、価格を気にせず安心して「選べる楽しさ」を味わうことができます。

コンビニは、小さな店舗で売場が狭いにもかかわらず「品揃えがいい」と評されることがあります。狭い売場でも食品から雑貨まで幅広く品揃えされ、期待した商品を高い確率で手に入れることができるからでしょう。

それを可能にしたのがPOS（販売時点情報管理）システムです。商品の売れ行きをデータで管理分析して、お客さんから支持される（売れ行きのよい）商品を優先的に品揃えすることができるようになりました。食品から雑貨まで扱う商品の幅が広いので、とても人手では管理しきれません。

もっとも、扱う商品の幅は広くても、商品カテゴリー（類似性に基づく分類）ごとに見れば、品数は多くありません。1982年に最も早くPOSシステムの活用を始めたセブン‐イレブンの品揃え政策は「絞り込み」と言われたくらいです。

実は、各カテゴリーの品数がPOSシステムによって売れ行きのよい商品に絞り込まれていたことで、自分のほしい商品が見つけやすく、「選びやすい」と感じられるのです。

店選びで「品揃え」と「選択」を重視するお客さんが多いからといって、品揃えや選択肢をただ増やしても売上げにつながらないばかりか、管理コストがかさんで利益を損なうことは、経験則的に、小売業界ではよく知られていることです。

「品揃えが豊富」だと感じると「選べる楽しさ」があり、「品揃えがいい」と「選びやすい」と感じたりするのは、私たちの主観によるものです。そうお客さんに感じてもらえるように、品揃えをアレンジするのが、小売業の役割です。どう品揃えをアレンジすれば気に入ってもらえるか、この点を現在の小売業は競い合っているのです。

「選ぶストレス」を感じるとき

『赤毛のアン』の物語のなかに、アンの父親代わりのマシュウが、アンのほしがっていたパフスリーブの服をつくるための布地を街の店舗まで買いに行くシーンがあります。店内の奥の棚《たな》に置かれた布地を目にしながら、マシュウは「あれを見せてほしい」と店員に上手く伝えることができず、結局、買うことができません。

当時（１８８０年代ごろ）の店舗では、まずカウンター越しに店員に声を掛け、店員が手に取って見せてくれた商品をカウンター越しに買っていたことが分かります。いまでも、洋菓子店、宝飾品店、薬局薬店などで、カウンター越しの売買を経験することはできます。

そういえば、「ＯＴＣ医薬品」はカウンター越し（オーバー・ザ・カウンター）に販売される薬のことで、医師の診察を受けて処方される薬と区別する呼び方です。一般の商品と同じように買い手が自由に手に取って選べるドラッグストアでも、すでに実態はＯＴＣではないけれどＯＴＣ医薬品という言葉は使われています。

買い手が自由に商品を選んで買える店舗のスタイル自体が新しく、実に20世紀に入ってから発明されたものです。

買い物の場で商品を選べるようにするには、少なくとも商品はひとつでなく、複数取り揃える必要があります。そのためには、それだけの商品を開発できる生産技術、それを調達するための物流手段などが、先に整っていなければなりません。

技術革新による大量生産は、すぐに大量消費に結びつけられて語られがちですが、生産と消費の間で、流通システムにも大きな変革があったからこそのことです。

たぶん、買い物の場に並べられた数多くの商品を目にし、自由に選べるのだと知らされた最初の人々は、それだけで心豊かになったことでしょう。


ところが、選べるのは楽しいことですが、実際に選ぶのは難しいことです。

選んだものが、やっぱりしっくりこなかったとき、「失敗した」と感じたり、「これじゃなくて、あれにしとけば良かったかも……」などと後悔したりするからです。

選ぶことには、リスクが伴います。できるだけリスクを回避したければ、よく吟味して慎重に選ばなければいけません。でも、いつも慎重に選んでいては疲れるばかり。買い物を楽しむことができなくなります。

「100円ショップ」に代表される安価な均一価格ショップでの買い物を楽しいという消費者が多いのは、品揃えが豊富で選べる楽しさだけでなく、みんな100円の安心感、しかも100円の安心感から、失敗を気にしないで気軽に買えるからです。買った後でしっくりこなくても、まぁ100円だからと諦《あきら》められます。それで、ついついたくさん買ってしまう人もいるようです。

さらに、無料となると、どうでしょう。たとえば、航空機に乗り込んだときに差し出される無料のキャンディの「味」選び、新規オープン時に無料で配布されるエコバッグの「色」選びなど、さし当たり必要でなくてもつい手を伸ばし、何となく選んでしまいます。

何しろ選択に伴うリスクはゼロです。その誘惑にはなかなかあらがえません。そうして家の中を見回してみれば、地元の信金のマーク入り小皿、近所の企業のロゴ入りタオル、商店街の福引の景品など、あちこちに、少なくない数を見つけることでしょう。

もっとも、無料であっても、キャンディの味選びのように選べる場合と、試供品のサンプルのように手渡されたものを受け取るだけで選べない場合があります。これに関して、選んだ人と選ばなかった人では、心理的な違いがどう表われるか、興味深い実験が行なわれています。「ヨーグルト実験」です。

事前に、ヨーグルトにトッピングしていろいろな味をつくり、大勢が美味しいと認めたグループ（４種類）とまずいと言ったグループ（４種類）に分け、テーブルにセッティングしておきます。参加者の半数には各グループから好きなものを選んでもらい、残り半数にはくじ引きで決めたといいながら、先の半数が選んだものと同じものを配ります。手元のヨーグルトを好きなだけ試食して、２５０ｇ入りカップで販売する場合の妥当な価格を設定してもらいます。

結果、美味しいグループのヨーグルトは、自分で選んだ人のほうが、自分で選ばなかった人より、試食した量も多く、設定価格も高くしました。逆に、まずいグループのヨーグルトは、自分で選ばなかった人が、自分で選んだ人より、試食した量も多く、設定価格も高くしました。

美味しいグループの結果は、自分で選んだ人のほうが自分の選択に満足して、多くを食べ、高い価格を設定したと想像できます。では、まずいグループの結果は、どう理解すればいいのでしょう。

この「ヨーグルト実験」を行なった社会心理学者のシーナ・アイエンガー氏は、自分で選んだ人はたとえ消極的な選択であっても選択を重く受け止め、失うものがほとんどなくても後味の悪さを感じずにはいられないのだろうと推測しています。

つまり、金銭が介在しなくても、自分で選んだかどうか（誰が選択したか）が、商品の価値評価に影響を与えるということです。

最適な選択肢は?――ジャム実験

アイエンガー氏の行なった実験では、先述の「ヨーグルト実験」よりも次に紹介する「ジャム実験」のほうが有名です。本人も「私の実験のうちで最も人口に膾炙《かいしゃ》している」と述べているように、どこかで見聞きしたことのある人も多いでしょう。

「ジャム実験」は、あるスーパーマーケットの協力を得て、店頭で行なわれました。

米国サンフランシスコで最初のスーパーを開店し、現在は高級スーパーとして知られる「ドレーガーズ・スーパーマーケッツ」のメロンパーク店です。

ドレーガーズは、日本の小売業関係者の間でも非常に有名です。日本にも高級スーパーと言われる店舗はいくつかありますが、もう比べものにならない〝夢のよう〟なのだと訪れた人は言います。

その夢のような特徴のなかで、最もよく語られるのが、圧巻の品揃えについてです。聞くところによれば、食品だけで約5万点（ドレーガーズは食品の他に調理器具や食器などの非食品の品揃えも豊富）に及び、ビネガーだけで約１５０種類、マスタードが約２５０種類、オリーブオイルはちょっと控えめで約75種類、そして、ジャムは何と約３００種類も揃っています。

豊富に揃えた商品を紹介するために試食コーナーも常設しており、同じカテゴリーから20～50種類を試食に供しているそうで、アイエンガー氏が目を付けたのもここでした。自分たちも試食コーナーを設け、よく知られたジャムメーカーのマネキン（実演販売者）に成りすまして、実験を始めたのです。

最初に、試食に供するジャムから一般的によく買われるイチゴ、ラズベリー、ブドウ、オレンジ・マーマレードの4種を外します。なぜなら、試食客が「いつも買っている」という理由でこれらのジャムを選ばないためです。

次いで、一度に試食に供するジャムの種類をAグループ（24種類）とBグループ（24種類のうちの6種類）の2グループつくり、数時間ごとにAとBを入れ替えて供します。来店時間帯によって試食できるジャムの種類が変わりますが、どちらのグループの試食客にもジャムの割引券を手渡します。

一方で、気づかれないように、来店客数とジャムの試食コーナーに立ち寄った人数をカウントし、割引券をもらった人がジャム売場で取る行動を観察します。

結果は、Aグループの試食のときには来店客の約6割が立ち寄りましたが、Bグループのときには約4割でした。一方、どちらのグループでも、立ち寄った人が試食したジャムは平均するとほんの2種類ほどでしかありませんでした。また、割引券をもらった人のほとんどはジャム売場に向かいました。

ところが、ジャム売場で取った行動は、グループによってまったく異なるものでした。Aグループの試食客は、棚のジャムをあれこれ手に取っては眺め、明らかにどれにしようか迷っているふうでした。なかには10分も迷った挙句《あげく》に何も買わずに立ち去った人もいました。逆に、Ｂグループの試食客は、棚のジャムをすっと取って買い物かごに入れる人が多く、棚の前にいる時間は平均１分程度でした。

さらに、割引券の使用率を比べると（ＡとＢで異なるバーコードを設定）、Ａグループの試食客のうち割引券を使用した（ジャムを購入した）のはたったの３％でした。一方のＢグループの試食客では30％になりました。

ジャム実験での結論

ドレーガーズを利用している人に、なぜドレーガーズかを尋《たず》ねれば、店選びのキーワードである「品揃え」と「選択」が浮かび上がってくることは間違いないでしょう。しかし、集客としての効果はあったにせよ、売上げ効果にまではつながっていなかったことが「ジャム実験」で示されました。

人々は、数の多いところに集まりますが選ぶことができず、数の少ないところで選ぶのです。

たぶん、ドレーガーズで普段買い物している人は、すでに買うものが決まっていて、自分のほしい商品しか見ていないのではないかと思います。それでは、他の商品はいらないかというと、それは違います。ドレーガーズのファンは品揃えの豊富さに魅力を感じて利用しているので、ドレーガーズが品揃えを絞り込んだ途端、裏切られたと思ってそっぽを向くことでしょう。つまり、たくさんの選択肢の中から自分で選んでいるという感覚が、たとえ錯覚であったとしても、ドレーガーズのファンたらしめているのです。

アイエンガー氏の「ジャム実験」では、たくさんの種類を見せたグループで買い物に迷いが生じます。いつも自分が買っている以外の商品にも目を向けることになって、すなわち試食がきっかけで、たくさんの商品を一気に意識するようになり、選べなくなってしまったということです。

もっとも、アイエンガー氏がこの実験結果を踏まえて提案したのは、選択を補助するための工夫です。試食に供するときは推奨商品に厳選するのはもちろん、たとえば、ネット通販の「アマゾン・ドットコム」がしている「この商品を買った人はこんな商品も買っています」のような推奨の仕方やカスタマー・レビューの活用、ワイン専門店の「ベストセラーズ」のように、通常は「産地」別に売場の商品をカテゴリー分けするところを「味」や「特徴」といった分かりやすい分類にするなどです。

たとえば、アマゾンの品揃えは「ロングテール」と言われる多くの「売れない商品」で構成されていますが、ロングテールで集客した後、独自の推奨方法で売上げを上げています。

処理できる情報量の限界

私たちは「選べる」ことに価値を置いているので、選択肢の多いことを歓迎しますが、実際に多くの選択肢から「選ぶ」となると音《ね》を上げてしまいます。

では、選ぶのに最適な選択肢の数は、いくつなのでしょう。

先の「ジャム実験」では、24種類（Aグループ）と6種類（Bグループ）で買い物行動を比べています。「24」と「6」は実験の前提をなす数字ですが、アイエンガー氏はどこから導き出したのでしょう。

アイエンガー氏によれば、「選択」に関する先駆的な研究のほとんどが「6」以下の選択肢を用いていました。なぜ「6」なの？

これを解くカギは、心理学者のジョージ・ミラー氏が提唱する「マジカルナンバー7±2」にありました。つまり、「7」を基準に「5〜9」の数字に関係があったのです。

ミラー氏の「7±2」は、人間が一度に正確に処理できる情報量のことです。情報量がそれ以上になると、記憶があいまいになったり、間違えやすくなったりすることを実験によって確かめました。

「7±2」は、一般にワーキングメモリ（作業記憶）との関係で説明されます。仮に買い物行動に即してみましょう。

商品の選択肢の把握→比較検討→検討結果の記憶→記憶に基づく順位づけ→選択

この一連の情報処理の流れをワーキングメモリと呼びますが、これがスムーズにできる限界の情報量が「7±2」というのです。言い換えれば、これ以上に情報量が増えると、イヤになってしまうということです。

　また、「７±２」は短期記憶（約20秒間保持される記憶）の情報量とも言われます。短期記憶は、超短期記憶（感覚器官で保持される一瞬の記憶）から絶えず送られてくる情報の記憶ですが、容量が小さいために、情報の多くを取りこぼしてしまいます。保持できる情報量が「７±２」というのです。言い換えれば、これ以上の情報量は記憶に残りにくいということです。

　前章で、情報量は「少ないに越したことはない」という心理学者のゲルト・ギーゲレンツァー氏の見解を紹介しましたが、その具体的な容量の上限を「マジカルナンバー７±２」に求めています。

　アイエンガー氏が「選択はモチベーションに好影響を与える」という観点から研究を進めて、その限界の数量として「７±２」に行き当たります。一方、ギーゲレンツァー氏は情報のあふれる現代では情報はカットしたほうが上手くいくとして、その根拠を「短期記憶の容量」に求め「７±２」に行き着きます。

　選択肢は多いほうがいいと考えても、少ないに越したことはないと考えても、その上限は同じ「７±２」ということになります。

あなたはどちらを選ぶ？

普段の買い物は、買う買わないにはじまって、どれを選ぶか、決断のし通しです。気づかないうちに「選ぶストレス」にさらされているのかもしれません。

ここでは、ストレスにならない程度に気軽に選んでみてください。本当に買い物するわけではないので。以下のような場合、どちらを選びますか。

①「500円引」か「30％引」

通常価格1980円の商品が値引きされました。表示価格の上に値引きシールが張られています。しかし、よく見たら値引きシールには2種類あります。

A：500円引

B：30％引

この商品を買うとしたら、どちらを選びますか？

できれば「お得」なほうを選びたいと思います。電卓があれば簡単に比較できますが、あいにく近くに電卓はありません。暗算の得意な人はどうぞ。店舗で買い物をしている感覚で、でも、そう悩まないで。

どちらを選びましたか。実は、数字に強い人と数字に強くない人で選択の異なることが確認されています。数字に弱いと思っている人はドキッとしたでしょう。

具体的な数字のほうが分かりやすいと感じるものですが、数字に強い人はパーセンテージへの変換も自在にこなせるので、どちらでもたいして違いを感じません。

Ａ：１９８０－５００＝１４８０円

Ｂ：１９８０－（１９８０×０・３）＝１３８６円

きちんと計算するまでもなく、ちょっとセンスを働かせれば、Ａの５００円引に比べてＢは５００円以上の割引になるとピンとくるはずです。なんとなく選ぶと、30％引の「３」よりも５００円引の「５」に引きずられて、Ａを選んでしまうことになります。

②「75ｇ100円」か「500ｇ698円」

店舗で買い物しているときに、自宅の調味料がそろそろ切れそうなことを思い出しました。調味料売場に来て棚を眺めると、同じ中身で容量違いの商品が並んでいます。

A：75ｇ100円
B：500ｇ698円

先ほどの①と同様に、できれば「お得」なほうを選びたいと思います。どちらを選びますか？

普段家庭で使用する調味料（たとえば、ソース、ケチャップ、味噌、酢、醤油など）をイメージすれば、迷わず500ｇのほうを購入するでしょう。100ｇ以下の「小容量」は、使い切りたいとき、持ち運びするときといった用途を考えて選びます。

また、一般に小容量サイズよりも大容量サイズのほうが「割安」だと思いがちです。つまり、グラム当たりの単価は大容量のほうが安いというイメージがあります。

ところが、グラム当たりの価格を比較してみると、小容量サイズのほうが安いことも往々にしてあります。この場合もそうです。

Ａ：１００g当たり１３３・３円≒１３３円
Ｂ：１００g当たり１３９・６円≒１４０円

店舗によっては、商品を並べた棚に付けているプライスカードに小さく「１００g当たり〇〇円」と記載されていますので、見比べてみてください。

もちろん、いつでも価格を優先して購入するわけでもありませんし、「お得」には使い勝手も含まれると思います。

イオン	ローソン	ファミリーマート
トップバリュ	ローソンセレクト	ファミリーマートコレクション
から揚げ	若鶏のから揚げ	からあげ
90g	6個入 138g	125g
98円	198円	130円
国産鶏肉使用 しょうゆ味 やわらかくジューシー	ジューシー ナゲットタイプ	ジューシ にんにく風味
1袋当209kcal	1個(23g)当43kcal	100g当221kcal
1.4g	0.5g	1.5g
カロリー、アレルギー	—	—
国産	ブラジル or 国産	タイ
イオン	ローソン	伊藤忠商事

同じように、食品を購入する際にはカロリーや栄養成分の含有量も、健康を気にする人にとっては、買う買わないの目安になるものです。しかし、価格以上に比べにくいのが現状です。

たとえば、図表2−4①は、大手チェーンストアの店頭で購入したPB（プライベートブランド）の冷凍から揚げを一覧表にしてみたものです。内容量も価格もいろいろです。

ここでは、カロリーに注意して、購入する商品を考えてみましょう。最近は、カロリーをパッケージの表面に表示する商品も増えています。わざわざ商品を手

図表 2-4①　大手チェーンストアのPBから揚げ比較

購入チェーン	セブン-イレブン	イトーヨーカドー	
ブランド	セブンプレミアム		—
商品名	甘酢ソースをからめた 若鶏のから揚げ	うす衣唐揚げ	若鶏の唐揚げ
内容量	155g	130g	250g
売価	198円	198円	540円
キーワード	甘酢ソース やわらくジューシー	うす衣でカラッと ジューシー	冷めてもやわらかく ジューシー
任意表示 熱量	1袋当 385kcal	100g当 245kcal	100g当 188kcal
任意表示 食塩相当量	2.8g	1.2g	—
任意表示 表面表示	カロリー	カロリー	—
原産国	タイ	タイ	タイ
輸入 or 販売者	ニチレイフーズ	日本ハム	イトーヨーカドー

に取って、裏返して確認する手間を省いてくれます。

もっとも、カロリー（熱量）の表示の仕方はバラバラです。「100g当たり」か「1袋当たり」での表示の仕方が多いようですが、ローソンで購入したPB「ローソンセレクト」は「1個当たり」で表示しています。

こうした表示は、まず消費者に使いやすいものであることが望まれます。

ローソンセレクトの「1個当たり」表示は、お弁当に1個入れたり、メインディッシュに1個とか2個付け合わせたりする場合にも、カロリーが簡単に分かり

トップバリュ	ローソンセレクト	ファミリーマートコレクション
から揚げ	若鶏のから揚げ	からあげ
90g	6個入 138g	125g
232kcal	187kcal	221kcal
④	①	③
209kcal	258kcal	276kcal
①	②	③

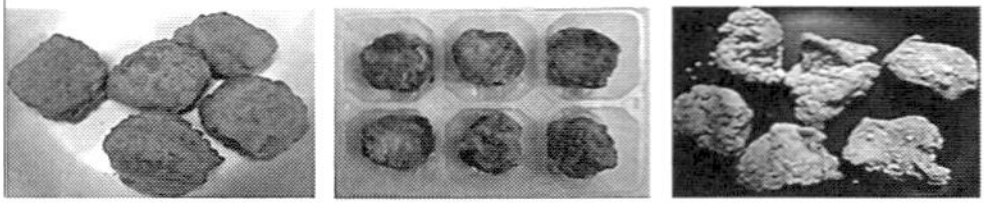

ます。「1袋当たり」の表示の場合は、1袋が「一人前」の分量であれば、それを食べたときのズバリのカロリーと理解できます。その場合には「一人前」の表示もあるべきでしょう。

問題は「100g当たり」で表示されている場合です。自分が摂《と》ったカロリーを知るためには、いちいち食べる量を計って割り出さなければなりません。

こうして見ていると、実際はどのから揚げ商品のカロリーが一番低いのか、気になってきます。そこで、「100g当たり」と「1袋当たり」でカロリーの多寡を比べてみました。低カロリーから揚

図表 2-4②　低カロリーから揚げはどれ？

	セブンプレミアム		イトーヨーカドー
商品名	甘酢ソースをからめた若鶏のから揚げ	うす衣唐揚げ	若鶏の唐揚げ
内容量	155g	130g	250g
100g当	248kcal	245kcal	188kcal
低い順	⑥	⑤	②
1袋当	385kcal	319kcal	471kcal
低い順	⑤	④	⑥

げはどれでしょう？

結果は、図表2－4②のようになりました。100g当たりでは、ローソンセレクトが一番カロリーの低いことが分かります。一方、1袋当たりでは、イオンで購入したPB「トップバリュ」が一番低くなりました。1袋当たりの内容量が90gと少ないからですが、大変なから揚げ好きであれば、食べてしまうという人にはお勧めです。

③「月額1000円で年間364本」か「月額1200円で年間468本」

大の映画好きになったつもりで選んでください。レンタルビデオショップもしくはネット配信サービス会社から勧誘されました。月額の支払いで、好きな映画を好きなときに観ることができるプランです。「月額1000円」コースと「月額1200円」コースがあります。

A：月額1000円で、年間364本の映画を観ることができる
B：月額1200円で、年間468本の映画を観ることができる

月額の支払いを200円増やしただけで、年間に観られる映画の本数は100本以上も多くなります。大の映画好きなら、Bコースを選びたいところでしょう。

しかし、年間の本数を週単位にしてみるとAコースは週7本、Bコースは週9本です。月額の支払い200円分は、週にして2本増ということです。どちらのコースも、料金に対して観られる本数は妥当なものに感じられます。Bコースのほうが特に

「お得」なわけでもなさそうです。

ところが、どちらを選択するかの実験を行なったところ、週本数で示したときには割れていたコース選びが、年間本数で示した途端にBコースに偏ったことを米国の人気ブロガーのレイ・ハーバート氏が報告しています。

週本数で示されたときには、自分のライフスタイル（趣味の映画に費やす時間など）に合わせてコース選びをすることができたのですが、年間本数で示されると、違いが大きくなって感情に訴えたのです。

このように、内容は同じなのに提示の仕方が変わっただけで「お得」に感じて買ってしまうことはよくあることです。

④「値引き」か「ポイント」

買い物をすると、買い上げ金額に応じてポイントを付与してくれる店舗が増えました。ポイントは、貯めたポイント数に応じて何かに交換したり、金銭に換算して次の買い物時の支払いに使ったりできます。

金銭に換算できるポイントなら、その分を値引きしてもらっても同じことのように思われます。

実際には、値引きは特別なセールやキャンペーン時に限られますが、ポイントは普段の買い物で付与されます。しかし、ポイントも通常の2倍とか10倍とかキャンペーン時に付与率を高めて、値引きと同じように活用されることが少なくありません。キャンペーン手法としての「値引き」と「ポイント」に、違いはあるのでしょうか。

図表2―5は、コンビニ大手チェーンの店頭で実施された飲料キャンペーンを10年間にわたり調査したものです。２００８年9月のリーマンショックの翌年からキャンペーン数が急増しますが、その大半が「値引き」手法でした。

２０００年代前半、商品に景品（おまけ）を「ベタ付」する手法がコンビニ飲料キャンペーンで流行しました。「値引き」より「ベタ付」のほうがキャンペーン数も多かったのですが、２０００年代後半から「値引き」が徐々に増え、リーマンショックの翌年に一気に爆発した感じです。

図表 2-5　コンビニ飲料キャンペーン手法の変遷

リーマンショックを境にキャンペーン数が増えると「値引き」が主流になり、その後「ポイント」が台頭

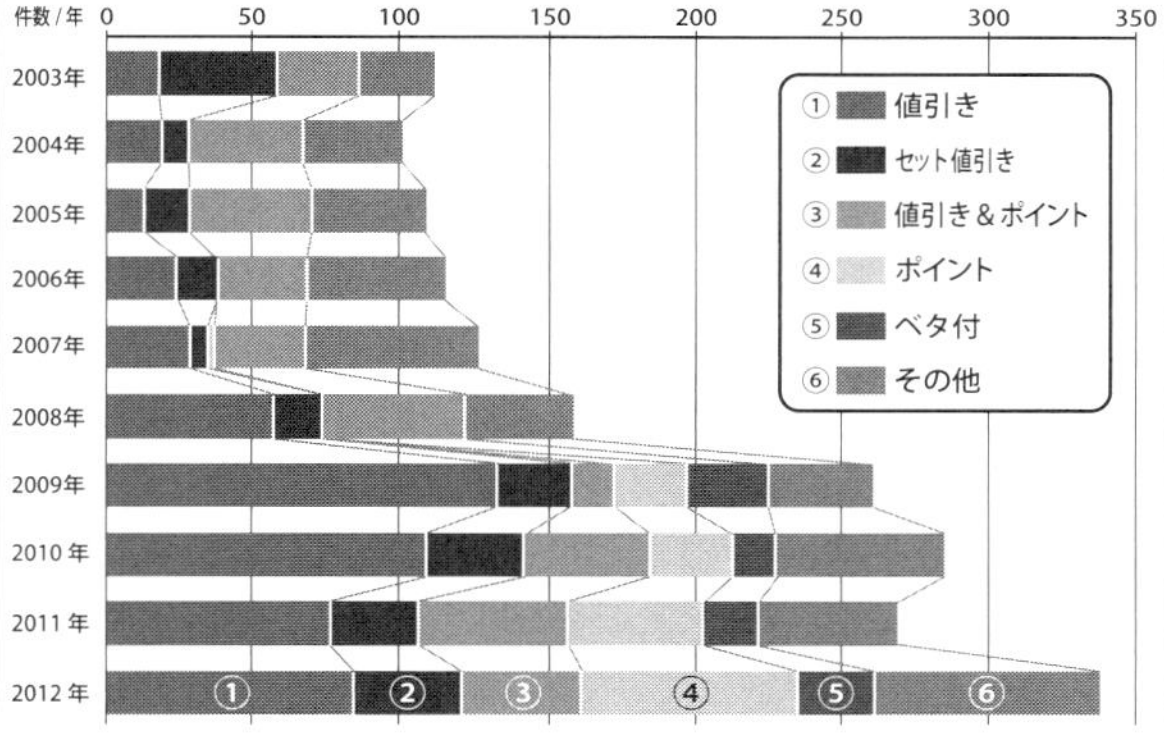

トレードワーク（阪辻）調べ（セブン-イレブン、ローソン、ファミリーマート、サークルKサンクス４チェーンの合計）

　しかし、その後は「値引き」自体は減り、代わって「ポイント」キャンペーンが増えてくるのですが、その前に一時的に「値引き&ポイント」キャンペーンも増えます。「値引き」を経験している消費者に「ポイント」の楽しみを味わってもらうために、「値引き」と「ポイント」を組み合わせたキャンペーンを導入したのでしょう。

　値引きは、通常価格との差からすぐに「お得」を知らしめてくれるので、不況のあおりで気持ちが萎縮《いしゅく》しがちな消費者へのカンフル剤になるでしょうが、その場限りの効果しかありません。

ポイントは、何となく「お得」な感じがする上、その場ではっきりしませんが、次への来店動機になります。さらにポイントが貯まってくるほど来店動機も強くなります。

カンフル剤をいきなり止めるのはリスクがあります。中間的な「値引き&ポイント」でポイントを貯める楽しさを体験してもらうことは意味のあることでしょう。

ポイントが、値引きと明らかに違う感覚を私たちにもたらすとすれば、「もらった」と感じるところです。ポイントキャンペーンの広告に「ポイントプレゼント」と表示されているのをよく見かけます。何となく「お得」な感じは、景品のプレゼントと違って形がないのに「もらった」という感じを持つからかもしれません。

ここから本題です。以下の場面では、どちらを選びますか。

第1場:家電専門店で1万円の買い物をしました。ちょうどキャンペーン中で、好きなほうを選んでくださいと言われました。

A：買い物客100人のうち1人に1万円値引き

B：買い物客全員に1000円値引き

第2場：家電専門店で1万円の買い物をしました。その店舗のポイントカード（1ポイント1円換算で買い物ができる）を持っています。ちょうどキャンペーン中で、好きなほうを選んでくださいと言われました。

A：買い物客100人のうち1人に1万ポイントプレゼント

B：買い物客全員に1000ポイントプレゼント

第1場は「値引き」キャンペーン、第2場は「ポイント」キャンペーンです。それぞれの場面で、どちらを選ぶか決めましたね。

第1場でA（100人に1人の確率で1万円値引き）を選び、第2場でB（確実に1

000ポイントプレゼント）を選んだ方はいませんか。

第1場では、1万円の購入金額に対して1000円値引きされて9000円支払うより、上手くすれば1万円値引きを当てて、支払いを免れる（無料）に賭《か》けてみたいと思う人はいるでしょう。

第2場では、1万円の購入金額は、たとえ1万ポイントが当たったとしても支払わなければなりません。それなら確実に1000ポイントをもらっておいたほうがいいかなと思う人は少なくないはずです。

これは、行動経済学会の第6回大会で報告された実験（「100人に1人がタダ」と「全員が1％値引き」ではどちらが魅力的か）を少しアレンジしたものですが、オリジナルの実験では、第1場でA（100人に1人がタダ）を選んだ人が4割を超え、第2場ではB（全員に1000ポイント）を選んだ人が8割を超えたそうです。

さらに、オリジナルの実験では、購入金額を10万円に引き上げた場合と1000円に引き下げた場合で、購入者の選好がどう変わるかも比較しています。

結果、10万円の高額購入者は「値引き」「ポイント」ともに確実なほうを選ぶ人が圧倒的となり、一方、１０００円の低額購入者は1万円購入時よりも不確実な選択をする人が増えました。特に「値引き」場面では過半数が「１００人に1人がタダ」を選びました。

つまり、「１００人に1人がタダ」のような「リスク（不確実）型」キャンペーンに、買い物客が関心を寄せるのは、低額購入時の「値引き」提案に限られると、この実験を行なった守口《もりぐち》剛《たけし》氏は結論づけています。

⑤「有機栽培レタス２９８円」か「朝採りレタス２１８円」

食の安全や健康を気にかけて買い物をしているつもりで選んでください。レタスを買おうと思ったら、２種類の商品が目に留まりました。

Ａ：有機栽培レタス２９８円

Ｂ：朝採りレタス２１８円

食の安全に気を配る立場からすると、Ａの有機栽培は魅力的です。「有機ＪＡＳマーク」も付いています。でも、ちょっと価格は高めです。一方、Ｂの「朝採り」は今朝収穫したばかりの新鮮なレタス。鮮度もよさそうに見えますし、栄養価も高そうに感じられます。価格も手ごろです。

ちょっと迷っていると、もうひとつのレタスが目に入りました。

Ｃ：植物工場製レタス１９８円

屋内で人工的に栽培されたレタスです。テレビなどで取り上げられ、知る人も増えました。工場栽培なので季節を問わず安定して収穫できます。その分、価格も安定します。

もうどれを選ぶか決まりましたね。人工的に栽培されたレタスに比べて、太陽の光を浴びて露地栽培され朝採りされたレタスは、いかにも自然の恵みに感じられます。そう比べた人はＢを選んだでしょう。

一方で、植物工場は制御された環境で病原菌や害虫の侵入を防ぐため、無農薬で安全に栽培されていることに思いを馳《は》せた人は、有機栽培レタスと比べて安価なＣを選んだかもしれません。

これは、第三の選択肢の登場が、いままで迷っていた選択に影響を与えるという事例です。迷っていた選択の比較基準が、第三の選択肢の登場で変わってしまったことに気づいたでしょうか。

最初の比較基準は、有機＝安全（Ａ）と朝採り＝新鮮（Ｂ）のどちらを選ぶかでしたが、工場＝人工＆安全（Ｃ）の登場で、Ｃの「人工」に反応した人はＢと比べてＣより自然なＢを、Ｃの「安全」に反応した人はＡと比べてＡより安価なＣを選んだのです。

どちらを選ぶか迷うことはストレスになるので、無意識のうちに、迷いからの脱出を求めて新たな比較基準に飛びついてしまうのではないかと思います。

尺度の違いに惑わされる人、されない人

先の①から⑤までの「どちらを選ぶ？」に参加してみた感想はいかがですか。もうお気づきだと思いますが、選択肢の提示の仕方、つまり「尺度」を変えただけで、選択そのものも変わってしまうことがあります。

しかし、なかには、こうした尺度の違いにほとんど影響されなかったという人もいると思います。そういう人は、甘～い数字の誘惑にも惑わされない人です。

実は、尺度の違いに大きく影響を受けてしまう人がいる一方で、ほとんど影響されない人もいます。その中間の人も含めて、振れ幅の大きいことが確認されています。

人によって生じる差はどこから来るのでしょう。選んでいるときの脳の様子を探る実験がされています。

予想通り、尺度の違いに影響を受けやすい人と受けにくい人では、脳の中で活性する領域とその度合が異なりました。

この実験から、大きく脳の3つの領域、扁桃体《へんとうたい》、前帯状回《ぜんたいじょうかい》、前頭前野での活性が認められたそうです。各領域の脳内での位置関係を図表2－6に示しました。

図表 2-6　扁桃体、前帯状回、前頭前野

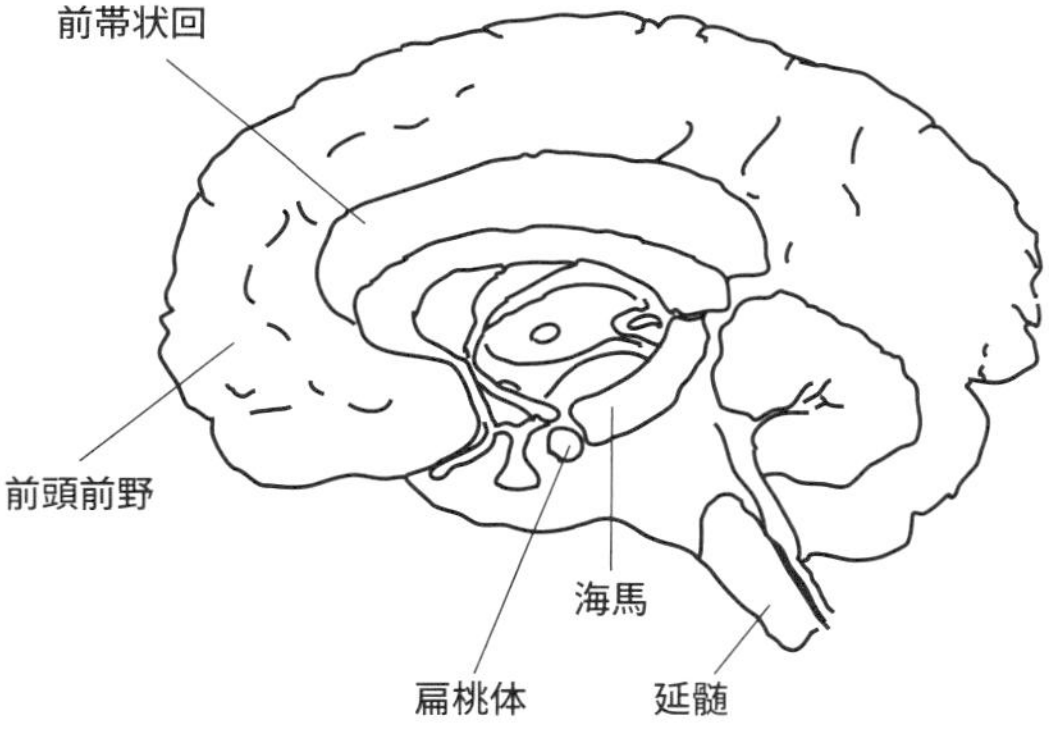

扁桃体は、脳の奥の方にあって、感情的な刺激を受けると活性し、好き嫌いや損得などの判断に関わります。隣接する領域の海馬と連動して記憶形成の役割も担っています。

買い物時に「お得」かどうかなどを過去の記憶とも照合しながら、直感的に判断を下すときに活性します。

前帯状回は、脳の奥と前頭前野の中間で両者をつないでいます。血圧や心拍数などの自律神経の調整に関わると同時に、認知形成にも関わり、他の脳領域への刺激の伝達を図っているようです。

前帯状回に損傷を負ったラットが餌《えさ》と

の間に障害物があると簡単に餌に辿り着くのを諦めてしまうことから、困難を乗り越えたり、やる気を出したりするのに深く関わっていることが分かっています。

買い物時に「尺度」の違いに左右されないよう直感を抑制、葛藤《かっとう》し、正しい判断を下そうとして活性します。

前頭前野では、さまざまな感覚からの刺激と推測を統合して、最終的な決定を導き出す働きをしています。

買い物時に「尺度」の違いに惑わされにくい人ほど前頭前野の活性の度合が大きく、葛藤や努力をさほどしなくても客観的に物事を見て、いわゆる合理的な判断ができるようです。ただし、いつもそうとは限らないそうです。過信は禁物です。

第3章　「希少＝価値」「自然＝純粋」の法則

1. 希少性のトリック

少ないものには価値がある？

マツタケは、日本人なら誰もが認める高級キノコです。国産マツタケの価格は高いものと信じて疑いません。なぜ？

味がいい？　確かに「秋の味覚」の代表的な食材に挙げられますが、「香り（匂い）マツタケ、味シメジ（ホンシメジ）」と言われるくらいですから、マツタケより味のいいキノコはあります。じゃあ香りですか？　独特のマツタケの香りの主成分はマツタケオールと命名され、香料として販売されています。たとえば、シイタケやエリンギなどの別のキノコとマツタケオール入り香料を使ってご飯を炊《た》いても、十分にマツタケを楽しむことができるそうです。

それでも、秋になると本物のマツタケに思いを馳せてしまいます。今年もシーズン中に一度くらいは味わいたいとか思ってしまうのは、単に、希少だからです。希少だから高級で、しかも、実際にマツタケを味わってみれば、あぁやっぱり美味しい！

その昔、西日本では山に入れば結構マツタケを見つけることができ、一般家庭の食卓にも上る食材でした。急激に採れなくなって希少価値が増したのです。栽培されて年中出回っているキノコも少なくないなか、マツタケはいまだに栽培技術が確立していません。

もし、マツタケが栽培されるようになって出回る量が多くなったら相場は下がります。マツタケの評価はどうなるでしょう？

マダイは、かつてはおめでたい席の祝い膳《ぜん》には付き物の高級魚でしたが、いまや大衆魚と言う人さえいます。それもそのはず。回転寿司でもカウンター寿司でも、マダイは他の白身魚よりも安価だったりします。それも珍しいことではありません。すべては養殖技術の進歩によるものです。

「ときどき天然ものを出すと、いつもの（養殖もの）ほうが脂がのって美味しいって言うお客さんもいます」と話す寿司屋さんがいるくらいに、現代人の味覚にもマッチしているようです。

マダイの国内消費量の何と8割近くが養殖で賄われていると聞いたことがあります。それだけ、安定供給されて安価になったのですから喜ばしいことです。

ところが、タネ明かしをすれば、多くの人が天然のほうを好みます。天然のほうが養殖より好ましいと思う理由は何でしょう？

餌《えさ》が心配？　養殖は狭い生簀《いけす》の中でも病気にならないように餌に余計な添加物を混ぜているんじゃないかといった心配はよく耳にします。薬事法による管理が義務付けられている現在では杞憂《きゆう》のようです。一方、そんな餌に工夫を凝《こ》らして、うま味成分であるイノシン酸の値を高めた「高級養殖魚」が登場しているくらいです。

魚を扱うプロによれば、マダイの鮮度や美味しさを決めるのは締め方。死後の腐敗を遅らせ、かつ、美味しさを保つよう「活け締め」の技術が磨かれ、「野締め（自然死）」と区別されます。

もっとも、水産物の表示義務に「養殖」や「解凍」はあっても「野締め」はありません。「天然」や「鮮魚」への消費者の高い評価に便乗したり、誤認されたりしないよう「養殖」や「解凍」は表示が義務付けられています。それに比べて、締め方への消費者評価は高くないからでしょう。「天然」や「活〆《いきじめ》」は任意表示です。

マツタケの栽培が成功した暁《あかつき》には、自生との違いが当然に問題にされるのだと、マダイの事例から想像できます。


手間ひまかけたものには価値がある？


地鶏《じどり》は、お値段が高めの鶏肉として知られています。明治時代までに定着した在来種の純系を決められた方法で飼育しなければならないため、その分、手間ひまかかっていると説明されます。

飼育方法では、ブロイラー（あぶり焼きに適するよう改良された食肉用鶏）が生まれてから40～50日で出荷されるのに対して、地鶏は80日以上の飼育期間が必要です。このうち、28日齢以降は平米当たり10羽以下での平飼い（自由に運動できる飼い方）にすることも求められます。

飼育期間が長く、手間ひまかかっているので、頭数は少ないですが、ブロイラーに比べて、肉質が弾力性に富み、コラーゲンや脂質などの栄養素も豊富とされます。

しかし、地鶏の「噛《か》めば噛むほど味わいが増す」と評される肉質が、現代人の柔らか好みに合わないのでしょう。最近は、地鶏の基準を満たさないけれど、ブロイラーより餌や飼育に工夫を凝らした「銘柄鶏」のほうが出回っています。

それでも、地鶏の価格が高いのは、手間ひまかけた時間と労力に対するものと考えられます。さらに、手間ひまかけたものは、少ないという価値もあります。

ところで、地鶏と銘柄鶏の区別は付きますか？　食べ比べれば違いが分かるという人はいますが、名前を聞いただけではどうですか。鶏肉を扱うプロなら知っているのでしょうが、以下に、店舗で見かけたことのある名称を挙げてみました。どちらでしょう？

A：天草大王《あまくさだいおう》
B：日向鶏《ひゅうがどり》
C：青森シャモロック
D：伊達鶏《だてどり》

日本食鳥協会の「全国地鶏銘柄鶏ガイド」（２０１４年４月現在）によれば、ＡとＣが地鶏、ＢとＤが銘柄鶏に分類されます。

経済学者のダン・アリエリー氏がしていた話を思い出しました。部屋のカギを失くして入れなくなったとき、合鍵屋に頼んでカギを開けてもらい、新しくカギを作製してもらいます。その合鍵屋になった友人の話です。

初めて依頼を受けたとき、慣れないために時間ばかりかかって焦《あせ》りまくり、汗みずくになってやっとの思いでカギを開けました。その様子を心配そうに見ていた依頼人は、カギを開けた代金１万円＋新しいカギ代２０００円に、チップまではずんでくれたそうです。だんだん慣れて、いまでは１分とかからずカギを開けられるようになりました。料金も新しいカギ代込みで１万円に値下げしました。ところが、依頼人は「えっ、たった１分で１万円！」と不服そうにつぶやき、チップももちろんくれません。

カギ開けは早いに越したことはないはずです。腕を磨き早く開錠してサービスを向上させた上に、料金も安くしています。にもかかわらず、依頼人の満足度は明らかに初心者のころのほうが高いのです。いったいどういうことでしょう？

アリエリー氏は「結果以上に手間ひまかけた時間と労力に人は価値を見出《みいだ》し、お金を支払おうとする」と結論づけています。

「手づくりカレー」の範疇

手間ひまと同じくらい時間と労力のかかっていそうな言葉に「手づくり」がありま す。市販の加工食品や日用雑貨などで「手づくり風」と表示された商品を見かけます が、手間ひまかけたイメージを付け加えたいからでしょう。手づくり風の「風」にこ だわって本物じゃないと思うのも、逆に、手づくり自体にいいイメージを持っている からです。

手づくりがこうした価値を持つようになったのは、マニュファクチャ（工場制手工業）から工場制機械工業へと転換したずっと後のことかもしれません。手づくりが当たり前でなくなったから、手づくりに価値を見出すようになったのです。

図表 3-1　「時短調理」でしていること

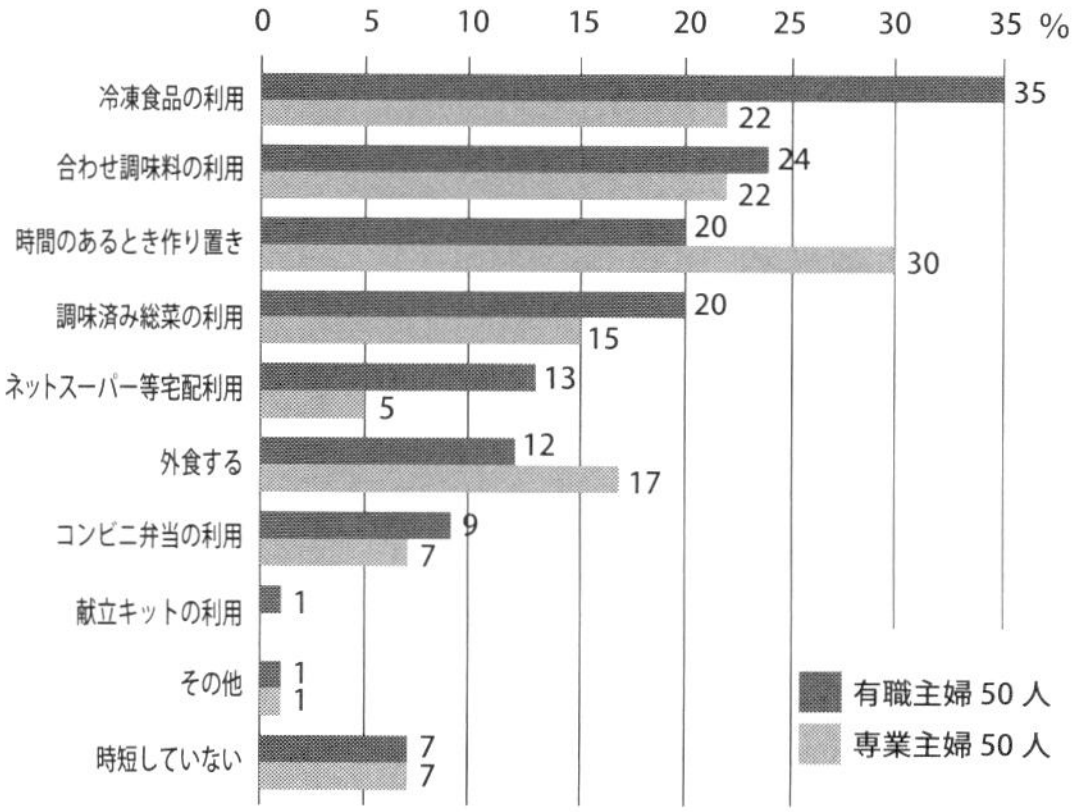

その時短調理に罪悪感や後ろめたさを…

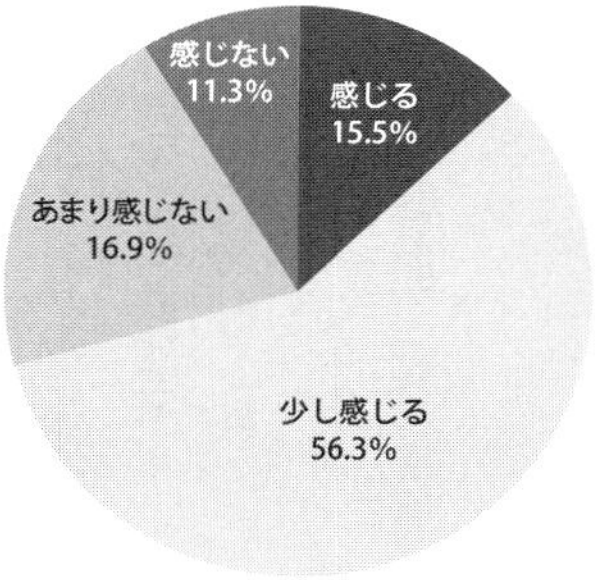

おいしっくす 2013 年 7 月調査（小学生以下の子を持つ女性 n＝100）より

家庭料理、手芸、住まいのDIYなど、普段の生活の中にも手づくりする機会はありますが、既製品で済ませることもできます。現代人には、都合に合わせて、手づくりしたり、既製品を買ったり、その中間の手づくりキットを買って少しだけ手づくりするなど、幅広い選択肢があります。

一見して選べる自由があるようですが、実際の人間心理はもっと複雑なようです。働く女性や子育て中の女性を中心に、家事の時間を短縮する「時短家事」を実践する人が増えています。

有機野菜などの食材を宅配サービスするおいしっくす（Oisix）が、同社のサービスを利用している子育て中の女性に行なったアンケート調査でも、9割近くが食事づくりで「時短調理」をしていると答えました。

時短調理の内容は、図表3－1のようなものです。「冷凍食品」「合わせ調味料」「調理済み惣菜《そうざい》」などを利用しています。

問題は、その時短調理をしていることに対して「罪悪感」もしくは「うしろめたさ」を感じている人が7割を超えることです。簡便な食品を上手に使って積極的に

「時短」していると思っていたので驚きました。

冷凍食品や調理済み惣菜など市販品を利用する選択肢がなければ、手づくりすることでしょう。本来、家庭料理は手づくりすべきところ、市販品を利用し、ある意味「手抜き」をしたようで、うしろめたく感じられたということになります。

家庭料理の手づくり度合、何をもって手づくりと感じるかは、時代とともに変わってきました。

たとえば、カレーをつくる場合に「市販のカレールウを使う」人も多いと思いますが、ルウが日本に登場したのは１９５０年代ですから、それが定着するまでは「小麦粉とバターとカレー粉を混ぜてルウを手づくり」していました。最近は、スパイスが手に入りやすいので「ターメリック、クミン、コリアンダーなどを調合して手づくり」する人もいれば、「レトルトカレーをご飯にかけるだけ」の人もいると思います。

かれこれ30年近く前に、既婚女性にインタビュー調査を行なったとき、50代女性が「市販のルウを使うようになって手づくりじゃなくなった」と言えば、30代女性は

「市販のルウを使っているけど、家族の好みに合わせて隠し味を工夫しているから手づくり」と言いました。

最近行なわれた調査では、60代以上の女性でも過半数が、市販のルウを使用したカレーを手づくりと認めています。レトルトカレーであっても、単に温めるだけでなく、具材などを足したりすれば手づくりという人も少なくありません。

手づくりと感じる範疇《はんちゅう》は、30年ほど前から比べると広がっているようです。一方、手づくりすることへの価値は高まっているのかもしれません。とはいえ、家庭料理でいえば、ほんのひと手間でも、その人なりのアレンジを加えることです。

お金を払うから価値がある?

少ないもの、時間や労力のかかるものに価値を見出すのが人のクセだとしても、価格まで高くなるのはなぜでしょう。

一般的な需要と供給のバランスから考えれば、少ない供給量に対して求める人が多いので価格が高くなります。もともとの供給量が少なくても、求める人も少なければ価格は高くならないはずです。実感として、需要がそうありそうに思えないのに、価格の高いものもあります。また、価格を知って思ったより高かったときに、価値あるものなんだと納得することもあります。

価値と価格の関係について、心理学では古典的とも言われる実験が行なわれていま す。少しアレンジしてお話ししましょう。

ここ数年、私は先生に頼んで小説の朗読の勉強をしてきましたので、ある集まりで朗読を披露しました。「この朗読をもう一度聴くのに、料金をいくら支払いますか」と尋ねました。別の集まりでも同じ朗読を披露しましたが、そこでは「この朗読をもう一度聴くのに、報酬をいくら求めますか」と尋ねました。

実際問題、朗読を習っているとはいえ、お世辞にも上手とは言えない代物《しろもの》です。言い訳をするようですが、だからこそ、この実験にはうってつけです。誰もが上手と認めては実験にならないからです。

結果は、非常に納得のいくものです。料金を払うよう言われた人のほうが、報酬をもらえると言われた人より、この拙《つたな》い朗読を価値あるものと判断したからです。

どう価値を判断したかと言えば、料金を支払うよう言われた人は、報酬をもらえると言われた人より、朗読を聴いている時間が短いと感じたのです。つまり、楽しい時間は早く過ぎ、退屈な時間は長く感じるのと同じことが起きたと考えられます。

実際に金銭の授受が行なわれたわけではないのに、お金を払う、お金をもらえると思っただけで、価値が変わって感じられてしまうのです。

たぶん、お金を払うよう言われた人は、お金を払って聴くくらい貴重なもの、すなわちめったにお目にかかれない体験に感じられたのでしょう。

ここでも、貴重なものは数が少ないという希少価値が見出されます。

もう一度、マツタケについて考えてみますと、もともと数の少ないマツタケを食する体験は貴重なものです。高い価格を支払ったほど、その体験は楽しい（美味しい）ものと感じられます。

その昔、結構マツタケが採れたころより、私たちはマツタケを美味しくいただいていることになります。

「少ないものには価値がある」と「価格が高いものには価値がある」は、相互に関係しているように思えます。

衝動買いの止め方

限定販売、タイムセール、現品限りといったセールスコピーに何となく惹《ひ》かれてしまうのはなぜでしょう。ネット通販や共同購入サイトには、残りの品数が刻々と減っていくのを見せるところもありますが、その商品を買うつもりはなくても、急《せ》かされているような気持ちがしてきます。本当にほしいと思ったなら、なおのこと、残り少なくなった幸運を手にしようと焦るでしょう。

しかし、そうした誘惑に負けて衝動買いすることを私たちはあまり好ましいことと思っていません。できるだけ情報を集めて吟味して計画的に買うことのほうが好ましいと思っています。なぜでしょう？

衝動買いは、その後で「失敗した」と感じることが多いと思うからでしょうか。失敗したと感じるのは、価格が高いときほど起こりやすいようです。高額なものほど、後で冷静になって価格に対する価値の判断をするからでしょう。

先述のように、希少なものなら、価格が多少高くても「お得」と思いがちです。そう思って飛びついたものの、後になって価格以上の価値がなかったと判断したとき、失敗したと感じます。

安価な均一価格ショップで購入したものなどは、その後にあまり使わなかったとしても、そこまで厳密に判断したりしません。

もっとも、いろいろ情報を集めて計画的に買ったつもりでも失敗することはあります。違いがあるとすれば、失敗に対する後悔の度合でしょうか。パッと飛びついてしまった衝動買いに対して、計画して買ったときには、その商品に至るまでのストーリーが描きやすいので「しかたがなかった」と自分を納得させられます。これだけでも「失敗した」という感覚を減らす効果はあります。

一方、失敗したわけじゃなくても、衝動買いをしただけで、うしろめたい気分になります。衝動買いの本質は、むしろこちらにあるように思います。つまり、衝動買い自体を避けたいことと思っているのです。

どんなときに衝動買いをしてしまうかを思い起こしてみてください。

仕事や人間関係などで疲れていたり、その他の別なことに気を取られていたりして、自己コントロールが緩《ゆる》んだとき、起きやすくなります。

これと同じような状態のときには、ダイエットしていたのについ食べ過ぎてしまったり、根気のいる仕事を続けられずに投げ出したり、普段はやり過ごせる挑発的な言葉に乗ってしまったりといったことが見られます。どれも、自分のなかでは避けたいと思っていることでしょう！

「直感」が間違うとき

これに関しても、古典的とも言われる心理学の実験が用意されています。また、アレンジしてみましたので、次の課題に挑戦してみてください。

よく行くコンビニで、商品をセットで買うと値引いてくれる「セット値引き」キャンペーンをしていました。

お弁当とお茶をセットで買ったら590円でした。

お弁当はお茶より５００円高いです。
お茶の価格はいくらでしょう？

パッと思いついた価格（数字）をそのまま答えにした人は、仕事や人間関係などに問題を求める前に、自分自身を振り返る必要があります。

とはいえ、この課題に挑戦した人の過半数は、パッと浮かんだ数字に飛びついてしまいます。つまり、直感だけに頼ったのです。

直感では90円となったでしょう。何となく正しく見えるので、検算するのを怠《おこた》ってしまう人が多いのです。ちゃんと45円と答えられた人にも一旦は90円がちらついたはずです。違いは、その誘惑を横目でみながら、検算しただけなのです。決して、頭の良し悪しの問題ではありません。

実際に、中学生のころに習った連立方程式を使って検算してみます。

お弁当の価格をｘ、お茶の価格をｙとします。

$$\begin{cases} x+y=590 \\ x-y=500 \end{cases}$$

$$x=500+y$$

$$(500+y)+y=590$$

$$2y=590-500=90$$

$$y=45$$

ここまで丁寧に検算しなくても、お茶がもし90円だとすれば、500円高いお弁当の価格は590円です。合計したら680円になってしまいますから、この時点でお茶が90円でないことに気づくでしょう。ほんのちょっと注意するだけのことです。

直感に頼ること自体は、良くも悪くもありません。脳の進化の過程で獲得した能力で、止めることはできないからです。日常生活を円滑に送れるのもこの能力に負っています。ただし、ときどき判断を間違えます。これを問題と捉えるかどうか。

ひとつの道は、ときどき間違えるくらいは目をつぶって、問題にしないことです。第1章で見たように、直感のほうが上手くいく場合は実際には多いのですから。失敗してもくじけないことが大切です。

もうひとつの道は、直感だけに頼ることは問題だと考え、少しの注意を払って検算してみることです。たとえば、第2章で見たように、「尺度」を変えてみます。ちょっとひねって、他人の視点からものを見たり、買った後で失敗したと想像して、どんなふうに失敗したかをサッと考えたりするのも、検算と同じ効果が期待できるようです。

特に、情報が少ないほど楽観的に考えがちなので、失敗したという想像のもとに、その原因を探るのは、「自信過剰」に陥るのを抑えてくれます。

どちらにしろ、疲れているときには重要な決定をしないことです。それも、ある意味で大きな決定です。

2. 自然のパワー

天然、自然が好かれるわけ

唐突《とうとつ》ですが、以下の各問のAとBでは、どちらを価値あるものとして選びますか？
今回はパパッと選んでみてください。

問1　A：天然真珠
　　　B：養殖真珠

問2　A：自然塩
　　　B：化学塩

問3　A：天然酵母パン

B：イースト使用のパン

問4　A：自然農薬を使用する農業
　　B：有機農業

問1の「天然」と「養殖」については、前項でマダイを挙げましたが、真珠を見分けるのはもっと難しいようです。20世紀初頭の欧州では、ダイヤモンドより高値を付けることもあったという真珠ですが、日本人が発明した養殖真珠が伝わって値が暴落したとされます。その後、天然と養殖を見分けるのにX線で透視《とうし》して核の存在を確かめる方法が確立されましたが、養殖技術の向上により核なし真珠も出回るようになって、それも使えなくなりました。ただし、現在の日本で真珠の真贋《しんがん》を問われるとすれば、本真珠（ほぼ養殖真珠）か模造真珠（イミテーション）かでしょう。

問2については、すでに「自然塩」「天然塩」などの商品への表示は禁じられています。塩の専売制が廃止され、販売の自由化で、従来の「専売塩」との違いをアピールする「自然塩」がブームになりました。従来に比べてミネラル豊富で健康にいいというイメージを訴求《そきゅう》するものでしたが、主成分である塩化ナトリウム自体がミネラルですし、摂り過ぎは健康によくありません。消費者の誤解を招くものとして禁止されたのです。「化学塩」は専売制の塩づくりにイオン交換膜濃縮法を用いていたことを指して使われるようです。いかにも化学っぽい製法名ですが、化学的な変化は起きていません。現在では対比される言葉もなくなり、使われなくなりました。

問３の「酵母」と「イースト」は同義の言葉で、人工的にはつくり出せないため、２つとも「天然」と言えます。わざわざ天然を付け、同じイーストと区別しようとするのは、大手製パン会社の「パン酵母（専用に培養したイースト）」とは違った独特の風味があることをアピールするためでしょう。自然界のあらゆるところに酵母は生息しているので、自家製も可能です。その分、有害酵母や雑菌が繁殖するリスクもあるので気をつけてください。

問４の「自然農薬」とは、自然の素材を使って農薬代わりにしたものを意味するようですが、農薬は原則すべて登録制で使用基準も細かく決められています。例外的に、重曹や食酢などを指定した特定農薬として保留されるものは使用者の責任で使えます。もちろん、食品や植物由来だからといって安全とは限りません。「有機農業」でも農薬は使えます。「有機ＪＡＳ」認証でない限り、使える農薬は「自然農薬」と変わりません。実際には、ほとんど農薬を使わない農家もありますので、個別に判断するしかないでしょう。

このように見れば、いかに「天然」「自然」という言葉がイメージ本位で利用されているかが分かると思います。

決して、私たちが期待しているような中身を保証してくれるものではありません。「自然＝善、人工＝悪の二分法は危険」とか「天然物神話は捨てるが勝ち」など、先達の名言も数多くあります。

それでも、「天然」「自然」が私たちは大好きです。いくら事例を見聞きしようと、誤った使い方をされただけ。それは本当の自然ではないと思います。自分で得た確証に沿う情報以外は心に留まりません。

「天然」「自然」はなぜ、これほどまでに深く信仰されているのでしょう？

たぶん、私たちが山や海へレジャーに出かけたり、草花を愛《め》でたり、動物のしぐさを眺めたり、公園の木々の間を散歩したりするのが好きなのと同質なのでしょう。本来の自然に触れなくても、テレビなどで映像を観るだけでも好きです。

気分をリラックスさせることができ、明日への活力を得たように感じたりします。まさに「自然のパワー」というものでしょう。

そのときの感覚は、進化の過程を一気に何百万年も遡《さかのぼ》り、人類の起源のころの懐かしい（？）記憶から呼び覚まされたものかもしれません。

人の不可思議さを説明するのに進化を遡るのは、古典的な手法としてよく使われます。何となく安易に感じられ好みではありませんが、これ以上の理由づけは考えられません。もう「好き」としか言いようがないのです。

そういえば、人を形容するときにも「天然（ボケ）」は使われますが、やはり天然な人は好かれています。

自然と不自然の間

私たちは自然が好きですが、自然であれば何でもいいわけではありません。先に事例を挙げた「天然」や「自然」のなかにも好きではないものがあったでしょう。というより、好きでない自然は、自然ではないと思うので、命題の立て方を間違えないようにしないといけません。

私たちが自然だと感じる「自然」とは、どんなものでしょう？

自然をどう感じるかは、それがどう変化していくと「不自然」の領域に入っていくのかを調べてみればいいと考えたのが、心理学者のポール・ロジン氏です。とても興味深い実験から一例を紹介します。

ここに「湧き水」があります。ある山のひとつの源泉から汲《く》み上げただけで、何も手を加えていません。この状態を「自然」とします。以下、自然ではないと感じるのは？

A：別の山の源泉から汲んできた湧き水を混ぜる

Ｂ：凍らせる
Ｃ：沸騰させる
Ｄ：水に含まれる自然のミネラルをごく微量（０・００１％）加える

Ａ、Ｂ、Ｃのような物理的な変化に対しては寛容であった人も、Ｄのように何か別のものを加えるのは、ほんのわずかにもかかわらず、抵抗を示しました。理由は「汚れてしまった」と感じられたからです。

ロジン氏の実験はさらに続きます。

以下のような「食品」リストを作成しました（一部抜粋）。「不自然」に感じられる食品を挙げてください。

Ａ：しぼりたてのオレンジジュース
Ｂ：カルシウムを添加したオレンジジュース

C：しぼりたての牛乳
D：しぼりたてのシマウマのミルク
E：スキムミルク
F：低温殺菌牛乳
G：野生のイチゴ
H：販売用に栽培されたイチゴ
I：虫がつきにくくなるようウシの遺伝子を組み込んだトウモロコシ
J：早く育つようトウモロコシの遺伝子を組み込んだイチゴ

人によって不自然に感じられる度合は違うでしょうが、ロジン氏の分析によれば、多くの人に共通する特徴が見つかりました。

まず、当然ながら加工の度合が高くなるほど自然から遠ざかります。その加工の仕方では、化学的な変化により敏感です。物理的な変化に比べて、化学的な変化のほうが「質」的な変化を感じるからでしょう。

次いで、食品そのものについては、食の可能性も含めて、ほとんど頓着《とんちゃく》されません。たとえば、シマウマのミルクより、脂肪を除いたスキムミルクのほうが「不自然」となります。

遺伝子組換え食品は、どんな場合も許容されません。動物の遺伝子を植物に移した場合も、植物の遺伝子を植物に移した場合でも、ダメです。

自然であるとは、ピュアな状態。少しでも何か別のものが触れる（添加される）と、汚れが移ったように感じられるのです。そうした食品を身体に摂り入れるのも自然でないと感じます。

こうした感覚は、実態を反映したものではなく、非常に概念的なものです。

自然に逆らう食品づくり

そう考えると、これまで不思議に思ってきたことにも説明がつきます。

たとえば、同じ物質でも「原材料」として使われているときには問題にされなかったのに、「添加物」として使われた途端に毛嫌いされる場合があるのは、「添加」に反応していたからです。

あまり意味のない言葉だと思っていた「無添加」も、なるほど、こうして好かれているのだと納得できます。

数ある「食品添加物」のなかでも、「合成着色料」と「合成保存料」が特に消費者の不評をかってきました。消費者意識に敏感なコンビニチェーンが、自社開発する弁当や惣菜などのファストフードをはじめとする食品から、最初に取り除いた食品添加物も、この2種類でした。

「合成」を好ましく思わないのは、「天然」に対比される概念として当然の反応でしょう。

次いで、「着色料」も多くの人が「色を付けるだけの目的ならなくていい」と言います。

ところが、実際に商品を見て買う段になると、たいていの人は着色料の添加されているほうを手に取ります。断然、見た目が美味しそうですから。なかには、見た目の悪いほうを選んで買う人もいます。何らかの理由で着色料を忌避《きひ》して、努力と注意力を払っている人です。

そういえば、家庭でも、たくあん漬けや栗きんとんにクチナシの実を使っていたことなどを思い出します。合成はよくないけれど、天然の色素ならいいように思われるでしょう。

クチナシの黄色素は、アカネ科クチナシの実から抽出《ちゅうしゅつ》されたものです。同じアカネ科のセイヨウアカネの根から抽出されるアカネ色素は、２００４年に、それまで認められていた食品への着色が、発がん性の疑いがあるとして禁止されました。

天然の色素には、植物由来のものが多いように感じますが、動物由来もあります。たとえば、清涼飲料水や菓子などの食品に広範囲に使われるコチニール色素は、スペイン南部や中南米のサボテンに寄生するエンジムシから抽出されます。ちょっと馴染《なじ》みの薄いように感じられますが、店舗で加工食品を買うときに添加物の表示を確認している人にとっては、お馴染みの色素です。

コチニール色素が昆虫由来と知って、気持ち悪いと感じる人もいるでしょう。しかし、多くの人は許容できるようになります。先述したように、自然の範囲にあれば、食の可能性は広いのです。世界には、自国や地域（コミュニティ）の文化からは考えられないようなものを食している人々もいます。もともと人類は雑食性なのです。

「保存料の効果」と「食中毒のリスク」

「保存料」については、食品が腐敗していくのは自然なことと捉え、その自然を妨げる目的で添加されるものと認識すれば、当然避けたいと思うでしょう。

しかし、目的は腐敗などを防止して保存性を高めることですが、効果として食中毒を予防してくれます。保存料を使わないことは、食中毒のリスクを高めることになります。

食中毒のリスクにさらされるよりは、添加物を受け入れるほうが、安心で安全なことのように思われます。食中毒の発生する確率に対して、保存料によって引き起こされる身体的な不具合の確率を比較、考慮するだけで明らかなことです。

それでも、食中毒の確率の高さを無視する人は少なくありません。経験したことのない人には、ピンと来ないからです。

図表3-2　食中毒の発生状況の推移

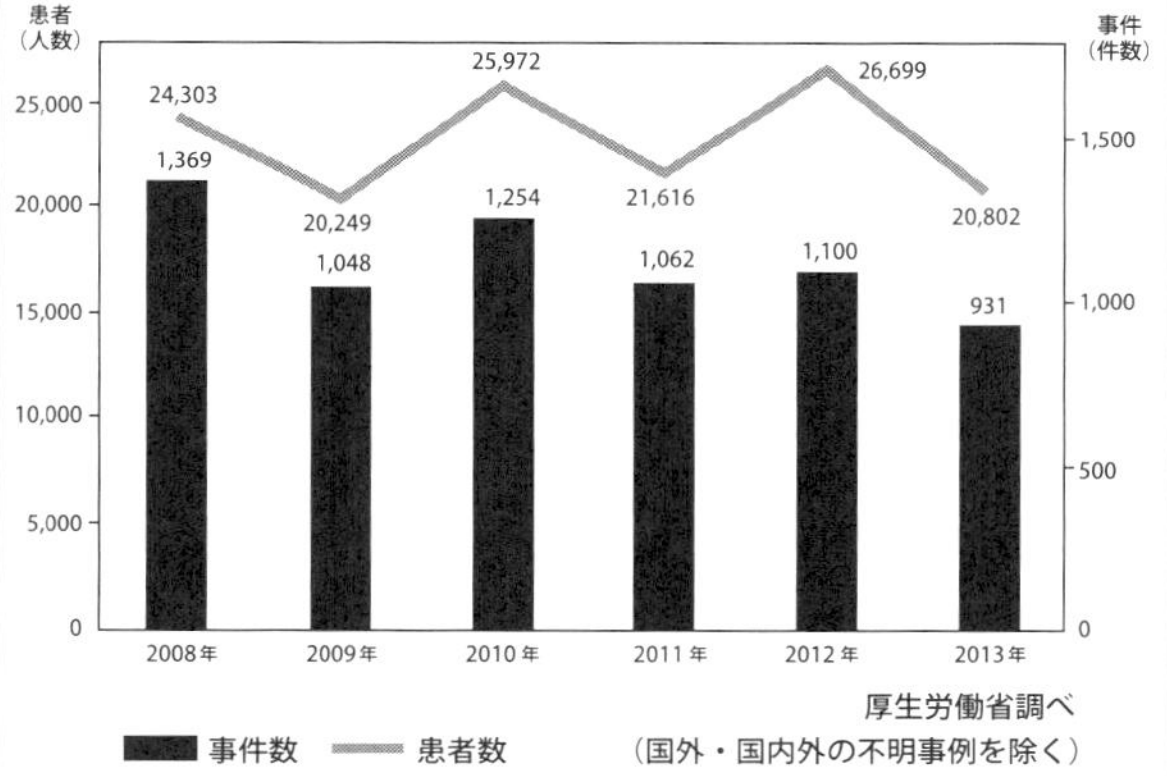

厚生労働省調べ
（国外・国内外の不明事例を除く）

以前に、若い人たちと話していたら「添加物」より「食中毒のほうが怖くない」というので、驚いてその理由を訊くと「ちょっとお腹をこわす程度でしょ。それなら添加物がないほうがいい」という意見でまとまってしまいました。ここでも、食中毒＝自然、添加物＝人工という図式が頭から離れないことが見てとれます。このくらいピンと来ない人もいるのです。

現実には、図表3－2のように、食中毒は年間1000件前後も発生し、2万人以上の患者を出しています。なかには死者もいます。さらに、この顕在化した患者の周りには潜在的な患者がいると考えられます。2万人の患者に対する潜在的な患者の数はゆうに20万人を超えるそうです。

食品リスク管理に詳しい農学者の有路昌彦《ありじまさひこ》氏によれば、添加物のリスクを1とした場合の食中毒のリスクは天文学的で、人と地球の大きさに比べられます。

有路氏のグループは、以下のような実験を通して、リスクコミュニケーションの重要性を訴えています。

いつも保存料不使用の「〝無添加〟ウインナー」を買っている消費者に、

A：保存料の安全性を告げた場合

B：保存料の安全性＋食中毒を防止する効果を告げた場合

この2つのケースでいつものウインナーに支払う金額の妥当性が変わるかどうかアンケートしたのです。Aの場合には〝無添加〟ウインナーへの評価はこれまでとほとんど同じでした。一方、Bの場合にはこれまでより評価が下がりました。

保存料の有用性は、安全性を訴求するだけでは伝わりません。食中毒のリスクを低減する保存料の効果をはっきり伝えることが重要だというのです。

つまり、保存料の安全性を訴求するだけでは、無添加に対する評価は変わらないことが分かります。

それにしても、リスクに対する私たちの感覚は、あまりに鈍いように感じられます。

２０１１年に、「焼肉酒家えびす」という外食チェーンの複数店舗で食中毒が発生し、死者5人を含む２００人近い患者を出しました。当時、マスコミにも大きく取り上げられたので、しばらくは注意する人も増えたでしょうが、人の注意力は長くは続きません。

特に、以前に生肉を食して何ともなかった人、生肉を美味しいと評価している人は、食中毒のリスクを過少に評価するでしょう。

リスクは確率の問題ですが、その確率は個人的な経験則や環境などによって、簡単に高くも低くも感じるものだからです。

さらに、もしかしたら危険かもしれないと思うことと、完全に危険だと思うことは、まったく別です。たとえ確率が95％あっても、やはり100％とは違うと思ってしまいます。

私たちは、リスクを実際に発生する確率で見ていないことを、肝《きも》に銘じておく必要があるでしょう。

コラム

つくってみました！　「希少」な国産カシスリキュール

カシスとブルーベリーの収穫量

「希少＝価値」を極めるような商品を実際につくってみたことがありますので、事例として紹介しましょう。

国産１００％の希少な原材料でつくったカシスリキュールです。

えっ、カシスに国産ってあったの？

まず、たいていの人は、そこで驚かれるだろうと思います。無理もありません。国内産として出回っているカシスは、ほんの９トン程度でしかないのですから。

わずか９トンが、どのくらい希少か、よく似た外見から混同されやすいブルーベリーと比べてみましょう（図表ａ）。

農林水産省のデータによれば、カシスの国内収穫量は約11トンで、このうち９トンが出荷され、ほとんどは加工用に回されています。一方、ブルーベリーは約２４５２トン

図表a　カシスとブルーベリー、ブドウの栽培状況比較

品目＼項目	栽培県数	栽培面積(ha)	収穫量 (t)	出荷量(t)	
					うち加工向け
カシス	4道県	19.5	11.1	9.3	9.2
ブルーベリー	46都道府県	1,041.1	2,451.8	1,613.5	398.6
ブドウ	20道府県	2,036.3	15,554.2	4,712.7	10,761.9

農林水産省「平成23年産特産果樹生産動態等調査」より

の収穫量があり、このうち１６１４トンが出荷されています。加工用は約４００トンなので、大半は生食されているようです。

収穫量や出荷量はもとより、加工用だけを比べても、ブルーベリーの４００トンに対してカシスは９トンでしかありません。原材料として、とても希少なことが分かっていただけると思います。

こうした差は、栽培地にも表われています。ブルーベリーはあちこち身近なところで栽培されているのです。何と、沖縄を除く46都道府県で栽培されています。たとえば、栽培面積ではブルーベリーの約２倍もあるブドウでも、栽培地は20道府県に留まっています。

つまり、ブルーベリーは希少ではありませんが、その分、身近で親しみやすい果樹と言えます。この一言でお分かりでしょうが、カシスとブルーベリーは同じ土俵で商品

化すべきではありません。ブルーベリーを商品化するなら「親しみやすさ」を前面に押し出すべきでしょう。

一方のカシスは、その対極にあります。栽培地は、北海道と東北の４道県のみ。しかも、その合計出荷量９トンの８割は青森県産です。

この青森県産カシスを１トンほど分けてもらって、カシスリキュールをつくってみました。

商品名は『ノワール・ド・アオモリ』

希少な国産カシスのなかの希少種

この『ノワール・ド・アオモリ』という商品名にも、希少性の意味を込めました。

それは、青森のカシスが、欧州から持ち帰った１本のカシスの苗木《なえぎ》に始まるからです。

まだ海外渡航が珍しい時代に、弘前大学の教授が、欧州の冷涼な地で育つカシスは青森の気候にも合うはずと感じて、苗木を１本持ち帰ったのだそうです。大切に育てて、教え子たちに株分けをしました。教え子たちもそれぞれが大切に育てたカシスを周囲に株分けし、その繰り返しが今日の青森カシスにつながっています。

教授の見立て通り、青森は冷涼な気候風土のため、カシスも農薬を使わずに、自然栽培しています。また、品種改良などの手を加えることもなく、欧州から持ち帰った教授のカシスは愚直に守り続けられてきたのです。

欧州では冷涼な地にカシスが自生しています。18世紀まで主に薬として用いられたようで、フランスワインで有名なブルゴーニュ地方では、ブドウ畑の一角で薬用にカシスを植えていました。19世紀半ば、パリでフルーツリキュールが流行したため、ブルゴーニュ地方でカシスを用いたリキュールがつくられるようになります。ブルゴーニュ地方のカシスリキュールはいまや世界的に有名です。

カシスにもさまざまな品種があります。リキュールに用いられる品種のなかで、最高級とされるのがノワール・ド・ブルゴーニュ種です。この品種を使ったリキュールは、他の品種のものより、数倍にも価格が跳ね上がります。

ノワール・ド・ブルゴーニュ種自体は、低木で、原種に近く、果実の実が小さいのが特徴です。カシスに含まれるポリフェノールが注目されるようになって、新しい品種がどんどん登場しているなか、原種に近いノワール・ド・ブルゴーニュ種は希少種と言えます。

また、昨今の改良品種は生食を想定してか大粒なものが多いようですが、リキュールには小粒なほうが適しています。

青森に伝えられたカシスが、欧州のどの地方のものかまでは分かりません。栽培している農家にきいても、品種名すらないと言います。しかし、これまで手を加えることもなかったので、原種に近いことは確かです。

希少な国産カシスのなかでも、原種に近い青森のカシスは欧州のノワール・ド・ブルゴーニュ種に匹敵する希少種と言っても過言ではないでしょう。

希少カシスを通常の1・5倍量使う

希少な国産カシスでリキュールをつくるとして、まず、誰に、どのようにつくってもらうかを決めなくてはいけません。さっそく、実際にカシスリキュールを国産しているメーカーを探しましたが、ほんの数社しか見当たりませんでした。

また、リキュールのつくりかたもメーカーによってさまざまです。最もポピュラーな梅酒は、家庭でも一般的にアルコールに梅の実を漬け込む方法（浸漬法《しんしほう》）でつくります。カシスリキュールもそうかと思ったら、カシスの搾《しぼ》り汁をアルコールに混ぜる製法を採用している商品が多いようです。できれば、梅酒のように、アルコールにカシスの実を漬け込む浸漬法でつくりたいと思いました。

ニュージーランドから冷凍のカシスの実を輸入して、浸漬法でリキュールをつくっているメーカーを1社見つけました。

「ニュージーランド産もいいけれど、国産のカシスに興味はありませんか？」

最初に私が掛けた言葉です。やはり国産のカシスがあることに驚いたようで、すぐに興味は持ってもらえました。

しかし、ニュージーランド産の冷凍カシスに比べて、青森カシスは3～4倍も高価になります。この原材料価格をそのまま商品価格に反映したとすれば、ニュージーランド産カシスのリキュールが当時1600円前後で販売されていましたから、5000円前後になってしまいます。

さらに、いろいろ試作をしたなかで、私たちが気に入ったのは、ニュージーランド産カシスを使った従来のリキュールに比べて1・5倍ものカシスの実を使ったものでした。青森カシスの特徴を最も引き出しているように感じられたからです。

販売店も限定

中身の出来栄えも満足のいくものになったところで、次が、まさに思案のしどころです。

商品化に当たっては、「希少＝価値」を「価格」に置き換えなければなりません。単に原材料や製造などにかかったコストを上積みして、価格は決まっているわけではないのです。広告宣伝費を予算化している企業ならいざしらず、このプロジェクトで、希少な価値と価格をつなぐのは、消費者の目に訴える商品パッケージをおいてほかにありません。

そこで、今度は日本に輸入されるカシスリキュール集めて、商品パッケージと価格を比較してみました。商品パッケージで注目したのは、容器、容量、デザインです。

容器は、通常は瓶《びん》ですが、瓶の形もさまざまです。容量は、国産のカシスリキュールには500mlが多かったのですが、輸入リキュールには700mlが多く見られました。デザインは、色使い、絵やイラスト、写真などの使い方、商品名のロゴや大きさ、エチケット（ラベル）上での位置など、見るべきところがたくさんあります。

その商品パッケージと価格を付き合わせていった結果、私が感じ取ったのは、瓶形が凝《こ》ってデザインや絵柄が華美になるほど安価なこと。はっきり言えば、安っぽく見えるのです。逆に、先述したノワール・ド・ブルゴーニュ種を使ったものは、ボトルはどこにでもあるポピュラーなもので、エチケットも簡潔かつ簡素なものが多いことです。『ノワール・ド・アオモリ』の取るべき道は当然ながら後者ですから、私がデザイナーに付けた注文は一言「シンプルに！」

ボトルも、あえてワインと同量の750mlを選びました。ところが、新しいリキュールに相応《ふさわ》しいシンプルで黒いボトルが見つかりません。名前のノワール（黒）のような黒ボトルを探したのですが、結局、販売価格への転嫁を避けるため、既存の緑ボトルで妥協することにしました。

こうして出来上がった商品が『ノワール・ド・アオモリ・カシスリキュール2012』

「希少＝価値」が表現されているように見えますか？（写真次ページ）

当初、販売数量を1200本として、酒の専門店に限定して商品案内したところ、すぐに完売してしまいました。

希少性が高く、数量も少ないため、販売先も酒の専門店に限定しました。どこでも手に入る商品に、人は希少性を感じません。販路を限定したことで、販売先の担当者にも希少性価値の高い大事な商材として扱ってもらえます。

販売先には『ノワール・ド・アオモリ』に対する評価について聞き取り調査も行ないました。最も評価されたのは、希少な原材料とパッケージデザインと価格のバランスでした。専門店にとって、３０００円台の価格は決して高くはありません。狙い通り、国産カシスの希少性とノワール・ド・アオモリのストーリー性に注目を集めることができたのです。

ノワール・ド・アオモリ
カシスリキュール 2012
内容：750ml /Alc：15%
写真提供／紅乙女酒蔵

翌年、さらに「希少性」を高める

翌２０１３年は、さらに頭をひねりました。前年と同じ商品を同じようにつくって販売するのでは面白みがありません。できれば２０１２年と比べて楽しめ、より希少性が高く、より違いに敏感な人たちに喜んでもらいたいと思いました。

２０１２年の生産本数は、実は２０００本ありましたが、先に販売した１２００本がすぐに完売したので、追加で数百本は出しましたが、翌年のために残りは取ってありました。

２０１３年の希少性をどこに求めるか。すでに国産カシスの希少性＋欧州から伝わった希少種という二重の希少性を付加しています。

これ以上の希少性を考えたとき、青森カシスの生産者に、栽培の経験が長く、かつ、樹木剪定《せんてい》や栽培管理などに秀でた「カシスマイスター」がいることを思い出しました。カシスに精通した彼らは、カシスを手摘みするときにカシスの実を傷めることもありません。

そうノワール・ド・アオモリは、一粒ずつ手摘みされていたのです。

ただし、カシスマイスターは２０１１年に始まったばかりの制度で、２０１３年の段階でも15人しか認定されていませんでした。

カシスマイスターが収穫したカシスは、その年の分をすべて集めても６８０キロです。前年にリキュールにしたカシスの量よりも３２０キロも少なくなります。しかし、品質はカシスマイスターだけに選《よ》りすぐったので、向上したものになります。

そこで、カシスマイスター分すべてを買い取って２０１３年の『ノワール・ド・アオモリ』に当てることにして、リキュールのつくりでも特徴を出すために、前年より浸漬期間を長めに取りました。味わい深さでも前年を上回るものになっています。

商品パッケージは、前年との連続性と対比性、さらに高級感をプラスしたものを考えました（写真左）。

『ノワール・ド・アオモリ・カシスマイスター・スペシャル２０１３』

ノワール・ド・アオモリ
カシスマイスタースペシャル 2013
内容：750ml /Alc：15%

販売本数は限定１４００本。シリアル番号は手書きしています。

ひとつ想定外のことがありました。

リキュールを商品化したのが初めてだった私は、少し驚きましたが、すぐに得心しました。前年のリキュールが熟成して、色も味も深くなっていたのでした。

つくりの年にはあざやかに澄んだ赤紫色だったのが、1年を経てシックな黒紫色になりました。輸入のカシスリキュールよりもまだ透明感があるかもしれませんが似ています。たぶん、海外でもできたてのカシスリキュールは色鮮やかなのでしょう。

2012年と2013年の『ノワール・ド・アオモリ』を飲み比べた人には、フレッシュな2013年を好む人もいます、私のように。しかし、大勢は2012年の深い味わいを気に入ってくれます。

最新情報では、2012年ものの在庫がなくなったと蔵元から連絡が入りました。もう出回っているもの以外に、2012年を試す機会はなくなりました。セパージュのこうした一期一会こそ、希少性の醍醐《だいごみ》味でしょう。

バー「ビクトリー」にて
(2012年12月 矢田匠氏撮影)

第４章　買い物行動はどう変わる

1. 高齢者の買い物行動

変わりゆく高齢者のイメージ

喜寿のお祝いに孫たちから「好きなものを買ってね」と現金をもらった女性が、「老後のために」と貯蓄に回してしまったといった話は、以前なら笑い話でした。「いつが老後なの、いまでしょ！」と突っ込みを入れるところです。しかし、いまや日本女性の平均寿命は86歳を超えています。平均でこれですから、もう少し先まで人生の設計を立てておくのは賢い選択かもしれません。

「あなたは何歳まで生きると思いますか？」というアンケート調査に、最も多くの人が平均寿命プラス10歳くらいの年齢を答えたと聞いたことがあります。たいていの人は平均よりは長生きしそうと思うようです。

そういえば、作家の宇野千代《うのちよ》氏が亡くなる少し前の雑誌のインタビューで「私、死なないような気がするの」と語っていたのを思い出しました。もちろん、死を免れる

図表4-1　個人消費額における年齢別割合

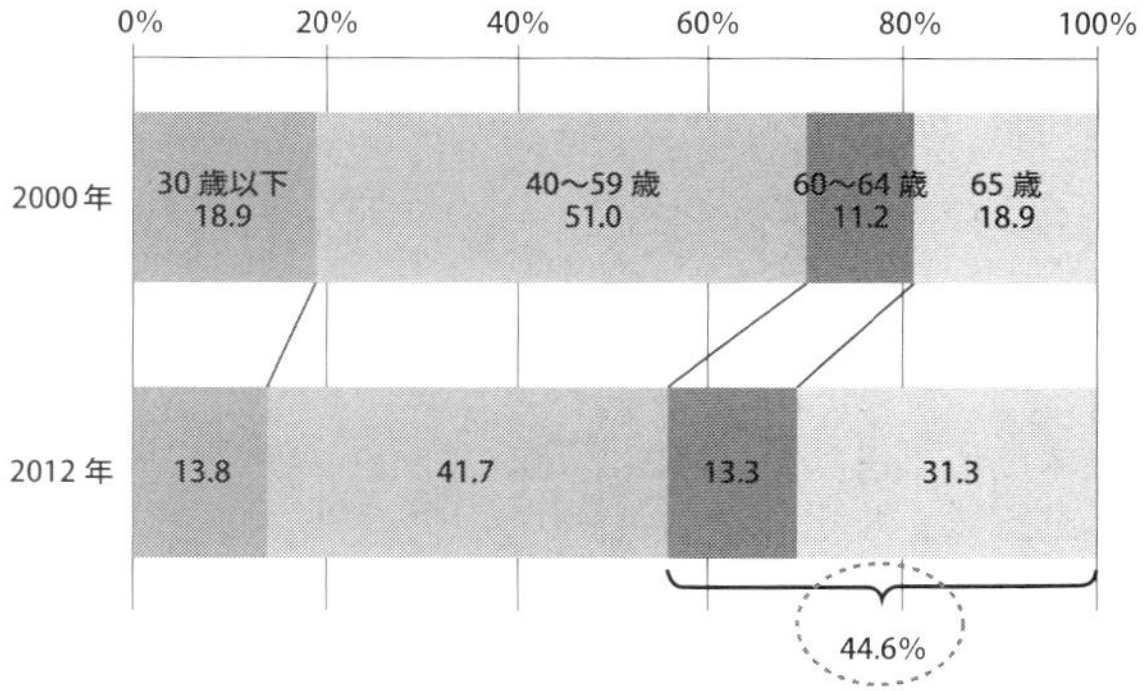

総務省「家計調査年報」より

ことはできませんでした。

日本は４人に１人が高齢者の〝超々高齢社会〟を迎えて、消費の主役も高齢者になりました。

この10年ほどの間に、個人の消費額に占める最大の年齢層が40〜50代から60歳以上にシフトしたことが、総務省の「家計調査年報」でも確認できます（図表４－１）。

そんな高齢層をターゲットに、商品の開発や売り込みが盛んに行なわれてきました。ところが、なかなか高齢者の心にヒットするものができないと、商品づくりの担当者たちを悩ませています。あからさまに「高齢者向け」をイメージさせる商品は敬遠されます。といって「アクティブシニア」として〝若々しさ〟を強調しても、高齢者向けの焼き直しに過ぎないとソッポを向かれます。たぶん、高齢者に対する固定観念が邪魔《じゃま》をしているからではないかと気づいて、最近は、高齢者とかシニアを意識せず、誰にとっても使い勝手のいい商品が増えつつあります。

もっとも、消費の中心が高齢者なのですから、わざわざ高齢者向けをイメージさせる必要もなくなったと言えます。

確かに、以前から比べれば高齢者のイメージは変わりました。実際に活動的な高齢者は大勢いますし、現役で働いている人も多いのです。一律に年齢だけで高齢者を分けるのも現実的でありません。

それで、高齢者に対する固定観念は払拭《ふっしょく》されたのでしょうか？

「白髪」「しわ」からの連想テスト

私たちが「高齢者」から「連想」するイメージのうち、意識できるものはほんの少しです。第1章で述べたように、連想の大半は意識できません。意識できないのに、私たちの行動は連想に影響されるのです。しかも、「高齢者」という言葉がなくとも、高齢者のイメージから連想して、行動に影響を与えます。

具体的な実験例を挙げてみましょう。この実験の参加者は18歳から22歳までの学生です。学生には高齢者に関連することは一切告げずに「言語習熟度テスト」を行なうと偽《いつわ》って集まってもらいました。問題は5つ並んだ単語から4つ選んで文章をつくるというものです。2つのグループに分かれ、それぞれ異なる単語のセットを渡します。一方のグループにだけ、「白髪」「しわ」「忘れっぽい」「引退」「独居」などの単語をちりばめておきます。

文章作成のテストが終わったら、教室を出て廊下の先まで移動してもらいます。学生たちが移動している間、その歩く速度をこっそり測ります。

すると、「白髪」「しわ」などの単語が入った問題を解いたグループのほうが、明らかに歩く速度が遅くなりました。どちらのグループにも「速さ」に関連した単語は含まれていません。「白髪」「しわ」などの単語に反応して、歩く速度が遅くなったと考えられます。単語から連想した「高齢者」とか「老人」のイメージを自分に適用して、動作が「緩慢《かんまん》」になったのです。

このことに、当の学生はまったく気づきませんでした。実験後にタネ明かしをしても、高齢者に関連した単語が含まれていたことにすら気づかず、そんな単語に影響されるはずはないと否定しました。

この実験には続編もあります。先の実験の参加者とはまったく別の大学の学生たちに、やはり目的は告げずに、教室の中をゆっくりしたペースで歩いてもらいます。通常の3分の1程度のペースです。その後で問題を解いてもらうと、「白髪」「忘れっぽい」「孤独」などの単語に対して通常より反応が早まりました。

高齢者のイメージと高齢者らしい緩慢な動作は、双方向に連想が働くことが分かります。この連想の双方向性によって、高齢者に対する固定観念は強められると考えられます。

高齢になるということ

先の「高齢者のイメージ」実験で、若い人たちが無意識のうちに〝ゆっくりした歩き方〟を高齢者の身体的なイメージと結びつけていることに、少なからず私はショックを受けました。

なぜなら、緩慢な歩みや動作は、パーキンソン病で典型的にみられる症状だからです。この病気は、若い人では発症例が少なく、高齢になるほど増えることが知られています。

図表1－2（33ページ）で見た脳内物質ドーパミンが関係しています。報酬系に関わる腹側被蓋野（A10）とは別に、黒質（A9）でのドーパミンの減少によるものです。加齢とともにドーパミンが減少していくことも確認されており、まさに高齢者を象徴する症状と言えます。

さらに、白髪やしわなどの外見的な衰え、忘れっぽく物覚えが悪くなるなど、心身ともに望ましくないイメージがいっぱいです。

若いときに高齢者のイメージがマイナスに振れている人ほど、実際に高齢になったときに自らが描いた高齢者像に近づき、死を早めやすいという研究者もいます。気を付けたいものです。

しかし、実際に高齢になって、死に近づいていくにしたがい、前向きに、明るくなることが実験で確かめられています。

たとえば、若い成人のグループと高齢者のグループに分け、同じ写真を見せます。写真には「楽しい顔」「悲しい顔」「怒った顔」「怖がっている顔」などが写っています。各写真を見つめている時間を平均してみると、高齢者のほうが楽しい顔の写真を見ている時間が長く、怒った顔の写真からはすぐに目を逸《そ》らす傾向がはっきり表われました。

同じく、子どものいない40歳未満の女性グループと50歳以上の女性グループに、赤ん坊や子犬、子猫の写真を見せますと、50歳以上の女性グループは赤ん坊の写真からすぐに目を逸らし、子犬や子猫の写真に長く視線を注ぎました。一般的に、50歳を超えると閉経をむかえ妊娠の可能性がゼロに近づきます。

この実験を担当した研究者は、高齢者が気分の塞《ふさ》ぐものから目を逸らすのは、残りの人生を後悔するのではなく、気分よく過ごすために視線を最大限に活用して、自己コントロールを図っていると考えています。

死を身近に感じると、そうでないときよりも欲深くなるという嬉しくない研究報告もあります。

死に際して、自己肯定感を資本主義経済の価値観であるお金をいくら稼いだかで測りたいのかもしれません。これまで生きてきたことが無価値だったとは、誰しも思いたくないものです。

もっとも、日本人は資本主義経済の他国に比べて「競争」を好まないと、労働経済学者の大竹文雄《おおたけふみお》氏は指摘します。同時に、これまでの経済学では、経済が人々の価値観に及ぼす影響を問題にしてきましたが、昨今は、宗教、家族、性別、役割分担、公共心といった価値観が経済的な成果（成績）にどのような影響を及ぼすかの研究が進んでいると言います。

たとえば、「天国や地獄といった死後の世界の存在を信じる人の比率が高い国ほど経済成長率が高いけれど、教会に熱心に行く人の比率の高い国では経済成長率が低い」とか「就学前の子どもは家庭で面倒をみるべきだという価値観や親の面倒を子どもがみる国では、女性の就業率があまり伸びていない」などです。

後者に納得する人は多いでしょうが、前者には首をかしげる人も多いと思いますので、大竹氏の見解を要約して付記しますと、信仰そのものは、将来をよく考え行動するようになるために貯蓄も投資も増えて経済が活性化する一方、教会に行っている時間は生産的ではないからと考えられます。

ところで、実際に死に直面したことのある人たちは、日常のごく普通のことに感動を覚えると言います。いま生きていることを奇跡と思って「価値」を見出すからです。第3章で述べた「希少性」に通じます。

最近の日本では「穏やかな最期」を求める「終活」の在り方が話題に上っています。

民俗研究者で社会福祉士の六車由実《むぐるまゆみ》氏が、介護施設を利用する高齢者に、七夕の短《たん》冊《ざく》を1人2枚ずつ渡したところ、1枚に「早く死にたい」と書きながら、もう1枚には「宝くじが当たりますように」と願い事を書いた人が多かったと語っています。

同時に相反する願いを抱く高齢者は、「死を切実なものと感じているからこそ、生と死の願望の狭間《はざま》で常に揺れている」のだと、六車氏は見ています。

日本人は新しもの好き

高齢な消費者の特徴として、買い物に〝保守的〟なことが挙げられます。

たとえば、「せっかく気に入った商品だったのに、次にお店に行ったらもうなかった」という声をよく聞きます。先日もある店舗で70代の女性に買った商品について尋ねたら「まだ家にもあるけど、いつなくなるか分からないから、見つけたときは買っておくのよ」という答えが返ってきました。

つまり、買い物が保守的というのは、一度いいなと思った商品を買い続ける傾向が強いということです。高齢者は〝冒険をしない〟とも形容されます。

しかし、これも高齢者に対する固定観念かもしれません。

「新しいものを見ると、つい買ってしまう」という高齢者も確かにいるからです。とはいえ、割合的に多いとは言えません。それも、高齢者自身が自分は高齢なのだからと、世間の常識に当てはめて自己規制ないし自己認識をしている可能性もあり得ます。

高齢者であっても、高齢者に対する固定観念から自由ではないということです。新しもの好きか、決まったものを買い続けるかは、加齢とともに変化するのか、それとも年齢には関係ない人の気質によるものなのか、どちらなのでしょう?

これに対する納得できる答えを見つけられないでいたら、ずっと以前に、日本に商品を売り込みたいフランス企業の集まりに参加したときのことを思い出しました。最初に、日本にすでに進出しているフランス企業の人が前に出て話し始めました。

「日本人は細かいところを気にする人たちです。たとえば、商品パッケージの写真と中身が違うと言ってわざわざ電話をかけてきます。パッケージの写真はイメージに過ぎないのに、そんなことをいちいちチェックして、同じでないのが気に入らないと言うのです。信じられないでしょう」

「日本人は毎日のように買い物をします。食品の鮮度を気にするからですが、最も重要な点は、日本では日付がちょっと古くなっただけでもう買ってもらえないことです。といって、欠品はもっとダメです。毎日来るなら明日買えばいいのに、不思議でしょ」

「日本人は季節感を大事にします。定番の商品のほかに、日本では季節ごとに限定商品を出すことが望ましいと思います。私たちのように、いつも同じものだけでは満足しないようです。残念ですが」

フランスでは、同じ製法で同じ商品をつくり続ける企業の商品が支持され、その変わらぬ商品を買い続けることに消費者も誇りを持っているそうです。それに比べたら、日本人は新しもの好きということになります。

新しいものを探したり、気に入ったものを買い続けたりするのは、国民性の問題でもあるのでしょうか？

根本的には、年齢や気質以上に、買い物の環境や暮らしの環境に左右されることなのかもしれません。

さすが!! 高齢者の知恵

高齢者の買い物行動について、若い人との違いを調査する実験が行なわれています。よく「年寄りの知恵」とか「亀《かめ》の甲《こう》より年の功」といって、高齢者の豊かな経験に基づく知識は尊敬されてきました。買い物の場面でも、それが活《い》かされているかどうかを試してみたものです。

同時に、若い人が得意とする場面で、高齢者の知恵は役立つかどうか。ここでは、大学での規定外の単位取得についての課題に取り組んでもらっています。

実験の概略はこんな感じです。高齢者グループと現役大学生グループが、以下の2場面で、どちらを選択するか。第2章ではみなさんに選んでもらいましたが、今回は、高齢者グループと現役大学生グループの成績について、予想してみてください。

まず、食品の買い物をする場面で、どちらを選択しますか?

A:抜群に美味しいけれど、栄養価はあまりない食品

B:味は並みだが、栄養豊富な食品

美味しさか栄養か、どちらを選ぶかを考えているところに、第3の選択肢が提示されました。

C：とても美味しいがAほどではなく、栄養価はAとあまり変わらない食品

一見してCは問題外と誰もが思うでしょうが、第3の候補が、AとBの選択に影響を及ぼすことがしばしばあります。というのも、AとBの選択は基準が異なるため、選ぶのにストレスを感じます。そこへAに似た第3の候補が登場します。AとCなら比べやすいので、ついAを選んでしまうというわけです。

こうした第3の候補に惑《まど》わされず、ストレスにも打ち勝って適正な選択ができたのは、どちらのグループでしょう？

次いで、大学で規定外の単位取得をしなければならない場面では、どっちを選びますか？

A：抜群に面白いものの、単位取得までには何回か講義を受ける必要がある
B：あまり面白いとはいえないが、単位取得にかかる講義回数は少ない

面白さか単位取得までの時間の短さか、どちらを選ぶか考えているところに、また第3の選択肢が提示されます。

C：そこそこ面白いがAほどではなく、単位取得までの講義回数はAとさほど変わらない

一見して、また問題外のCの登場です。AかBを選ぶとき、Cに惑わされることのなかったのは、どちらのグループでしょう？

この実験を行なった研究者たちの予想は、買い物の場面では高齢者のほうが第3の候補に惑わされることが少なく、大学での単位取得の場面では現役大学生のほうが、いままさに現場にいるので、高齢者グループより惑わされることが少ないというもの

です。

結果は、高齢者の面目躍如《やくじょ》となるものでした。つまり、高齢者は、どちらの場面でも第3の候補に惑わされることなく、適正な判断を下すことができたのです。

現役の大学生は、身近な単位取得では適正に判断できましたが、買い物の場面では惑わされてしまいました。

惑わされないためには、直感による衝動的な選択を「検算」して、適正な判断かどうかを確認しなければなりません。高齢者は、どちらの場面でもそれができることを示したのです。

身体的な動作は衰えたとしても、これまで経験を積んで身につけた知恵は衰えないことが確認できます。

高齢者の惑わされない買い物スタイルが、〝冒険をしない〟と形容されるゆえんかもしれません。ということは、適正な判断によって新しい商品が良ければ、新しい商品を買うはずです。

すると、「オレオレ詐欺」や「母さん助けて詐欺」などの場合には、その知恵が役立っていないように思われるかもしれません。

しかし、端《はな》からだまそうとウソの情報を告げられる詐欺と、買い物の場面で商品を吟味するのとでは、根本的に異なります。

たとえば、商品に瑕疵《かし》（見えない欠陥）があっても、買う側には分かりませんし、もしあったら製造したメーカーや販売店は非常に重い責任を負います。詐欺はそれを故意に行なうものなのです。

買い物をするために商品を吟味しているとき、瑕疵があるかもしれないと疑ってはかからないでしょう。詐欺に注意しなければいけないのはその通りですが、提示された情報を疑ってかかることがいかに難しいかも理解できると思います。

2. なぜ、それを買うのですか？

本当に「なんとなく」買っている？

「なぜ、山（エベレスト）に登りたいのですか？」と訊かれて、「そこにあるからだ」とは、英国の登山家ジョージ・マロリー氏の名言として知られています。

本当にマロリー氏がそう答えたかどうか疑わしいという説もあるなかで、この答えが名言として後世にまで伝わっているのは、なぜでしょう？

思うに、なぜ？　と訊かれて、答えるのが面倒なときに、質問者を煙《けむ》に巻くのに適当な表現だからではないでしょうか。はっきり言って、質問者の意図に対する答えにはなっていません。しかし、自分が答えに窮《きゅう》したとき、その場を逃れるのにはいい表現だと思うでしょう。

ところで、かれこれ30年ほど前から私は店舗で商品を買ったお客さんに「なぜ、その商品を買ったのですか？」と尋ねてきましたが、まだ一度も「そこにあったから」

と答えた人にはお目にかかっていません。

たいていの人は、もちろん面喰《めんく》らって立ち止まります。普段の買い物で、いちいち理由を確かめながら買ってはいないでしょうから。しかし、真摯《しんし》に、その人なりの理由を語ってくれます。

このように来店したお客さんに面と向かって尋ねる（直接面接）調査の仕方は、1970年代に米国から日本に伝わりました。日本の調査機関が日本の消費者を対象に同様の調査を行なったところ、米国の消費者との違いがくっきり表われたのです。

この調査の目的は、来店する前にどんな商品を買おうと思っていたか、店内でどのように商品を選んで、最終的に何を買ったかを明らかにすることですが、米国の消費者は、来店する前に決めてきた商品を店内でもそのままズバリ選んで購入する比率が35％を超えました。一方、日本の消費者では1割ほどに過ぎませんでした。

来店する前に決めてきた商品をそのまま買う「計画購買」に対して、来店する前には決めていなかった商品を店内で見てから買うことを「非計画購買」とか「衝動購買」と言います。

つまり、日本の消費者は非計画購買率が非常に高く、逆に言えば、店内で何を買うのかをほとんど決めていることになります。

第１章で「不確実な環境」について話しましたが、日本の消費者にとっては、普段買い物をしている店内こそ「不確実な買い物環境」と言えます。新しい商品が発売されて選択肢が増えれば、「選ぶストレス」が増すのも当然です。

ところが、脳研究の発達とともに、私たちの脳がいかに「錯覚」を起こしやすく、自分ではそれに気づかないかということが分かってくると、消費者にただ尋ねても「ホントのところ」は分からないのではないかとなりました。

第２章で「どちらを選ぶ？」に参加したみなさんなら、こうした結論にも理解を示すだろうと思います。普段商品を買う場面で、いかに「なんとなく」選んでいるか想像できた人は特に同意されるでしょう。

だからといって、買い物行動のすべてがでたらめだとは思えません。何しろ、ちゃんと自分の行動に一貫した理由づけをすることができます。私たちは自分の行動が矛盾していたとしても、一貫性が大好きです。つじつま合わせを苦もなくやってのけます。それは、私が約30年も訊き続けてきた、なぜ？ の正体だったというわけです。

もっとも、商品づくりをしている企業や広告の担当者は、消費者のつじつま合わせの奥深くには「ホントのところ」があって、それを「深層心理」として洞察するのが重要だと考えています。


「深層心理」はどこにある？


「深層心理」と聞いて、多くの人はジークムント・フロイト氏（精神分析学）やカール・グスタフ・ユング氏（分析心理学）を思い浮かべたことでしょう。特に、あの有名な氷山のたとえを（図表4－2）。

フロイト氏は「意識されない心の領域」を「無意識」として最初に理論化したと言われています。人の心を氷山にたとえて、「意識」は水面からほんの少し見える部分に過ぎず、水面下には巨大な「無意識」が潜《ひそ》んでいると言いました。

フロイトの考えは、アーネスト・ディヒター氏らによって、消費者の意識下に隠れた買い物動機や潜在ニーズを探る調査手法に応用されます。

図表4-2　フロイトの「氷山」のたとえ

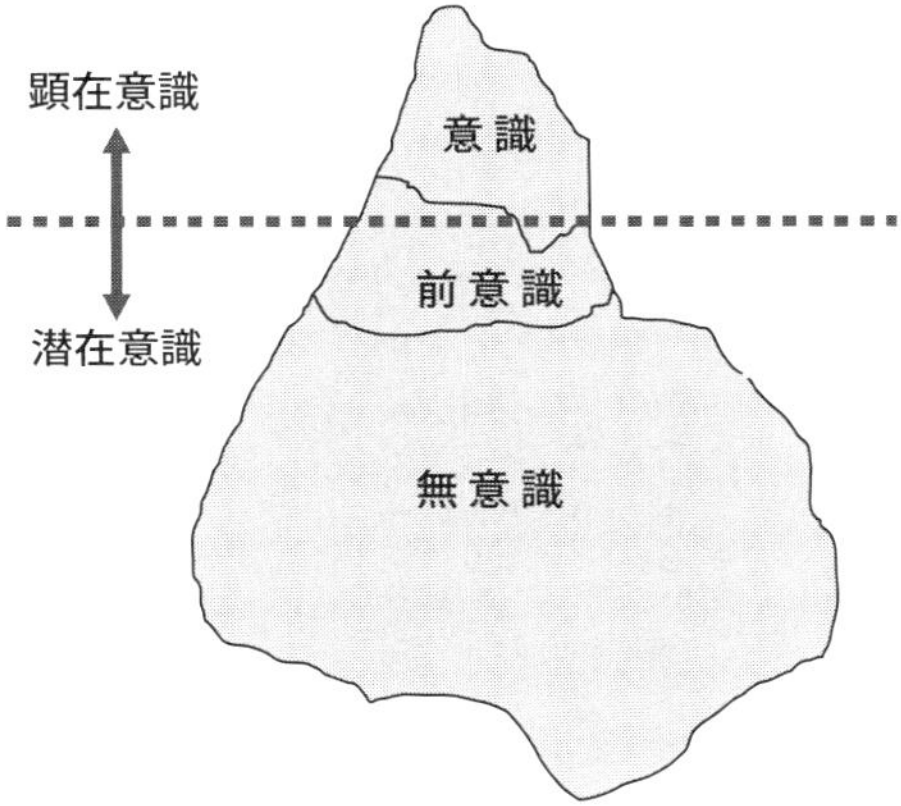

たとえば、ネスレ社が初めてインスタントコーヒー（現ソリュブルコーヒー）の「ネスカフェ」を発売したのは1938年ですが、当初は売れ行きが思わしくありませんでした。消費者アンケートで「味が悪い」という結果が出たので、ブラインド（目隠し）の味覚テストをするとレギュラーコーヒーと遜色《そんしょく》ありません。それもそのはずです。ソリュブルコーヒーの製造工程はレギュラーコーヒーとまったく変わらないのですから。では、何がいけないのか、消費者（主婦）の潜在意識を探ってみると、レギュラーコーヒーからの買い替えが「手抜き」と

見られるのが嫌だったことが分かりました。

第3章で取り上げた「時短調理」や「手づくり」に対する女性の意識に似ています。現在、ソリュブルコーヒーは世界中で愛飲されていますが、人々の価値観は、行動の変化ほどに早くは変わらないものだと感じます。

「抑圧されない無意識」とは

ところで、フロイト氏の「無意識」には「抑圧」が伴います。本能的な衝動、否定したい感情や記憶などを「無意識」に追いやるのが「抑圧」です。

1930年代の「ネスカフェ」の事例では、消費者の買わない動機として「抑圧された無意識」が見出されたように思えます。しかし、たまたまそう見えただけかもしれません。

買う買わないの動機がいつも無意識に抑圧されているとは考えにくいからです。買った商品の理由が上手く説明できなかったというだけで、意識下に潜んでいる否定したい感情や記憶を疑われてはかないません。

すると、「抑圧されない無意識」もあると考えるでしょう。しかし、抑圧がなければ、感情や記憶は、何によって無意識に追いやられるのでしょう？

先述した高齢者のイメージによる「連想」などは自動的に起こるので、「抑圧されない無意識」のように見えます。確かに、連想は意識されませんが、気づかないだけのことです。フロイト氏やユング氏の「無意識」のように、全人格に影響を及ぼすものではありません。第１章で見たように、影響力は〝わずかな〟ものです。

しかし、わずかな影響力でも、買い物行動での商品の選好を決めてしまうことが分かっています。行動の理由を探るアプローチ手法と同時に、行動そのものを観察することで理解しようとするアプローチ手法も開発されてきました。

たとえば、商品を陳列する位置で売れ行きは変わります。買い手の行動への影響力が強いからですが、買い手自身は商品の選択に及ぼした影響を見事に軽視します。先述したように、イメージによる連想と行動からの連想は双方向に働き、どちらも意識されることはありません。

問題は、行動として現われる結果が、意識を原因としていないにもかかわらず、私たちは意識によって自己の行動をコントロールしていると思っていることです。実は、こちらにこそ注目すべきではないでしょうか。

結果があれば、原因を求めずにいられないのは、私たちの脳の特徴です。

質問のすりかえとつじつま合わせ

「なぜ、その商品を買ったのですか？」という問いに答えるのは、いちいち理由を確かめながら買っていない私たちには、本来、非常に難しいことです。

しかし、なぜ？　の結果には、原因となる理由があるはずだと思い、その理由を私たちは必ず探してしまうのです。

たとえば、左脳と右脳をつないでいる「脳梁《のうりょう》」が切断されて、結果に対する原因がまったく分からなくなっても、何らかの原因を考え出すことが知られています。

目からの情報を脳に伝える視神経は脳の途中で交差しているため、右目の視野から入った情報は左脳の視覚野へ、左目の視野から入った情報は右脳の視覚野へ伝わります。左右の視覚からの情報は、左右の脳をつなぐ脳梁のおかげで統合されています。

脳梁が切断されると、情報の統合ができません。右目を隠して、左目にだけに可笑《おか》しな人形を見せて笑いを誘います。「なぜ、笑ったのですか？」と尋ねると、すらっと回答が返ってきます。「だって、あなたの顔の表情が可笑しかったから」

左目からの情報は右脳には伝わったものの、言語を司《つかさど》る左脳には情報（可笑しな人形）は伝わりません。左脳は情報なしに質問の回答を考えた結果、まったく異なる原因を考え出したのです。しかも、それなりに納得できそうな理由を述べます。

答えた理由が原因ではないことを、答えた人は気づきません。ウソを言っているつもりは毛頭ないのです。

私たちの直感的な行動に対して、もし理由を求めたとしたら、同じことが起こるだろうとゲルト・ギーゲレンツァー氏は言います。

この事例は何とも極端に感じられるかもしれません。はっきり因果関係のないことがすぐに分かるからです。

しかし、日常的にも、同じようなことを行なっているとは考えられませんか。たとえば、難しい質問を自分の分かる易しい質問へ、巧妙にすりかえ考えなおして、つじつまが合っているように見せかけてしまうのです。

「いま幸福ですか？」の問いは、生活や人生の全般に関わることなので一般的に難しいはずです。しかし、単純に「いまの気分はいいですか？」にすりかえれば、いまの気分が悪くない限り「幸福」です。こうして、この手の調査では、たいてい幸福な人が8割を超えてしまいます。

「高齢者にオレオレ詐欺をはたらいた容疑者に、どの程度の刑罰を科すべきですか？」は、「オレオレ詐欺にどのくらい怒りを覚えますか？」にすりかえます。怒りの程度を「非常に腹立たしい」から「何とも思わない」までの段階のどこかに当てはめ、罰金の額や刑期の年数に置き換えてみます。非常に腹立たしいと感じた人は罰金を高く、刑期を長く考えるでしょう。

「なぜ」の理由を考える

「なぜ、これを買ったのですか？」の場合の、質問のすりかえは、もう少し複雑です。

買う買わないの判断なら「これを見たとき、どの程度ほしいと思ったか？」へのすりかえで済みます。具体的には「非常にほしい」から「あっても悪くない」までの段階で評価し、価格との兼《か》ね合いを測ればいいのです。非常にほしいものでも価格との兼ね合いで断念せざるを得ない一方、激安（特に無料）ならあっても悪くありません。買う買わないはここで完結してしまいますが、質問はなぜ？　ということですから、もうひと捻《ひね》りしないと、それらしい答えになりません。

そこで、自分との関係の程度にすりかえてみます。「非常に身近に感じる」から「まったく遠い存在」まで。身近なものは「よく知っている」「いつも買っている」など、遠い存在であれば「新規性にひかれた」「新商品を試してみたかった」などが理由となります。

しかし、それらしい答えのように見えますが、本来の買う買わないの判断に対する理由としては、まったくずれたものになってしまうことに気づくでしょう。

ここには、もうひとつ重大な「錯覚」が働いています。

私たちは商品を選ぶときに、他の商品と比較検討して、その商品を選んだと思いがちです。たとえば、いつも買っている商品といっても、たいてい、いくつかの選択肢を持っていて、そのときの状況によって買い分けています。しかし、お客さんの話をよく聞いていると、「いま」と「最近の買い物傾向」をごっちゃにしていることがよくあります。最近はアレとコレとソレをよく買っているので、いまもその中からコレを選んだと思うのです。しかし、いま買ったコレ以外にアレとソレを比較したかといえば、実は、コレにした途端に、アレもソレも見ていません。つまり、購入商品を決めた時点で思考を中断します。もう比較する必要がなくなったのだから当然です。

もちろん、最初に目にしたコレがダメだった場合には、次のアレを検討します。このダメだったとは、「ほしい度合」が低かったか、ほしい度合に対して価格が釣り合わなかった場合です。

第2章で、商品の比較検討は、ワーキングメモリーの限度枠「7±2」で行なわれていると言いましたが、実際の買い物では、この「上限」まで使われることもほとんどないのが分かります。まったく初めて購入を検討する商品ジャンルであれば、きっと限度枠「7±2」を使うでしょうが、普段よく買っている商品ジャンルでは、最初に目に入ったよく買う商品がそのときの条件に合えば、そのまま買ってしまうのです。

私たちは、選択肢が多いことを好みながら、実際に選択肢が多ければ選ぶストレスを感じます。この一見して矛盾した感覚を要約すれば、選択肢の多いことは「自由」や「選択権」という権利の範囲が広がることで喜ばしいことですが、その自由や権利を行使するかどうかは、また別の自由というわけです。

一度手に入れたものの効果

さらに、問題は「その商品は来店する前から買うつもりでしたか?」という問いに、つい「はい」と答えてしまうことです。

面倒になって適当に答えたり、ウソを言ったりするわけではありません。買ってしまった後で、来店前のオリジナルな気持ちを思い出すことは、ほぼ不可能に近いからです。

フロイト氏やユング氏の深層心理学では、過去に一度も浮かんだことのない記憶で

も、きっかけさえあれば、鮮明に思い出すことができると考えられていた節《ふし》がありま
す。

いまでも、ゼロ歳児のころに体験したことを記憶しているといった話を聞きます。しかも、記憶は、微《び》に入り細《さい》にわたって再現することができるので、本人も周りも信じてしまうのでしょう。

先の東京オリンピックでは、私もテレビで観戦していたと母から何度も聞かされて育ちました。東京オリンピックの映像は繰り返し放映されてきたので、少し成長すると懐かしく思い出せるようになります。すると、リアルタイムで観ていたような気になるから不思議です。たぶん、母が私と一緒に観たという記憶は、正確にはテレビを観ている母のそばに私がいたということでしょう。当時、私が生まれたばかりでなく、3歳か4歳くらいになっていたら、私もリアルタイムの記憶だと信じてしまったかもしれません。

まったく体験していないことをあたかも体験したことのように人に記憶させる実験も行なわれてきましたが、研究者も驚くほど成功しています。記憶を授《さず》けられた人

は、自分の記憶として疑わないだけでなく、非常に具体的に思い出すことで、記憶に磨きをかけていくというのです。

しかし、すでに19世紀には、記憶が、数分後にはもうオリジナル性を失ってしまうことが指摘されていました。

科学ジャーナリストのロルフ・デーゲン氏は、「記憶とは、再生するものではなく、組み立てるもの」だと言います。

実際には、体験したことすべてを記憶できないばかりでなく、後から思い出す際に、当初にはなかったことを入れ込んでしまうこともあります。

商品を手に入れてしまった後では、来店前から手に入れるつもりだったと思ってしまうのも、仕方がないことなのです。

活性する〝妥協する脳〟

人は、手に入れたものの価値を、手に入れる前よりも高く見積もることも知られています。

イソップ童話の『きつねとぶどう（すっぱいぶどう）』でお馴染みの感覚です。きつねは高い枝に実ったブドウを手に入れようと努力しますが、手に入らないと、わざわざ「すっぱくってまずいブドウなんだ」と捨て台詞《ぜりふ》を吐《は》きます。一方、手に入れてみたら、本当にすっぱかったとき、たぶんこう言うことでしょう。「私はすっぱいブドウが好きだ」

手に入れられないものは価値を低く、手に入ったものは価値を高く見積もることで、心の平安を保っていると考えられています。ここでも、自分に都合のいいように、つじつま合わせをしているのです。

無料の試供品も、もらったときはたいしてほしくもなかったのに、誰かが頂戴《ちょうだい》というと途端に惜しくなったり、フリーマーケット（フリマ）などで、売り手と買い手の価格が折り合わなかったりするのも、同じ感覚によるものです。フリマの場合、売りたい価格の平均と買いたい価格の平均は、約2倍も開きがあるそうです。第2章で紹介した図表2－1（63ページ）に沿う結果とも言えましょう。

フリマのような売り手と買い手の脳の活動領域を調べる実験も行なわれています。

相手の提示価格が気に入らない場合は、図表１－２（33ページ）で示した側坐核に近い島皮質《とうひしつ》で活性が見られます。側坐核が脳の報酬による快感に関わっているのに対して、島皮質は嫌悪感や苦痛など不快に関わります。

逆に、相手の提示価格を受けるときは、図表１－５（47ページ）で示した背外側前頭前野に活性が見られます。背外側前頭前野は、各感覚器官からの情報を統合するなかで、状況を認識したり、計算などにも関与したりする領域とされます。人との交渉で折り合いをつけようとするときに活性する、いわば〝妥協する脳〟だと言えましょう。このおかげで、私たちは平穏に売買契約を成立させることができます。

あとがき：「研究される」のはイヤですか？

私の好きな詩人の吉野弘《よしのひろし》氏に『研究される』と題する詩があります。この詩の最後は「僕らは多分／ひそかに／充分に／研究されている。」の数行で結ばれます。

私が消費者の買い物行動を調べるようになってまだ日も浅いころ、ふっとにわかに、この詩の最後の数行がぼんやりと浮かんできたのです。

子どものころに読んで、何となくゾッとしたことを思い出したのでした。「ひそかに／充分に／研究されている。」なんて、まったくおだやかではありません。できれば、そういう目には遭いたくないものだと思ったことでしょう。そう思ったはずの自分が、大人になって、ひそかに研究する側にまわってしまったように感じられ、子どものころとはまた別のゾッとした気分を味わったのです。

今回、本書を執筆しながら、その昔の記憶がふっと思い出されました。本書のなかだけでも、いくつかの調査や実験の結果を語りましたが、実際にはもっと膨大《ぼうだい》な数の研究がされています。まさに、「ひそかに／充分に／研究されている。」と思った読者もいたのではないでしょうか。それを心配したのです。

しかし、消費者の買い物行動に向き合っている人々に接していると、間違いなく「お客さんに喜んでほしい」「よりよい商品をつくりたい」「社会の役に立ちたい」と考えていることが伝わってきます。私もその一人だと思うことで、乗り越えてきました。

そうはいっても、企業なんて結局、利潤を追求しているだけと思われるでしょう。それはそうですが、つぶれてしまっては、誰にも喜んでもらえないばかりか、多くの人に迷惑をかけることになります。持続可能だからこそ、社会の役に立つこともできるのです。

たとえば、買い物をすると買い上げ金額に応じてポイントが付与される「ポイントカード」は、個人を特定はしませんが、買ったものを追跡して傾向を調べ、次の商品の開発や売場づくりに活《い》かせないか研究が進められています。

そういう話をすると、やはり不快な気分になる人はいます。それならポイントカードはつくらないほうがいいのですが、ポイントが「お得」なので手放したくないという人もいます。

そこで、妥協案として提案しているのが、まず、自分が信用できるところ、次いで、自分の使い勝手をよくしたいところ、この2つの条件を満たすところでだけでポイントカードをつくるようにすることです。つまり、自分の使い勝手をよくするために、情報を提供してもいいところを選ぶわけです。

自分が選んで情報提供していると思えば、少なくとも「ひそかに」ではなく、「研究されている」というより「研究してもらっている」ということになりませんか。逆に言えば、自分の使い勝手がよくならないのは、研究の仕方が足りないからだということです。もっと積極的に、研究に加わって自分のことは自分で解決してもいいと思います。

もっとも、研究は続けられてきましたが、私たちの買い物行動はなぞだらけのままです。その昔は、自分の得になるように商品選びをしているものと思われていましたが、いまでは、しばしば選択を間違えながら、その多くに気が付かないことが分かっています。

しかも、その間違いが「脳の錯覚」による場合は、それ自体を正すことはできません。「錯視」を正せないのと同じです。ひとつ光明があるとすれば、何度か間違える経験をしているうちに、間違えそうな兆候が分かるようになることです。錯視も、それ自体を正せませんが、経験的に錯視を起こしている状況を知ることはできます。つまり、経験を積んでいくことで間違いをいくらか回避する術（スキル）を身につけられるのです。いわゆる高齢者の知恵です。

本書の冒頭で、私たちの頭の中にある2つの異なるキャラクターを紹介しました。読んでいるときに、2つの異なるキャラクターを識別することはできましたか？

まるで良きパートナーのように語りましたが、いつでも仲良しなわけでなく、助け合っているわけでなく、といって喧嘩しているわけでもない不思議な関係に見えたことでしょう。

本書では、２つの異なるキャラクターが、買い物の場面でどう関わっているかの一端を紹介しました。できれば、もう少し２つの異なるキャラクターと付き合って、私たち自身で間違いを防げないところは、外からのアプローチで防ぐ方法を研究してみたいと思っています。

最後に、本書で紹介しました調査や実験の大半は先達によるものです。素晴らしい研究に対して、深く敬意を表します。

〈参考文献〉

・『なぜ脳は「なんとなく」で買ってしまうのか――ニューロマーケティングで変わる5つの常識』（2013年7月）ダイヤモンド社　田邉学司著、小野寺健司編著、三浦俊彦・萩原一平監修

・『友達の数は何人？――ダンバー数とつながりの進化心理学』（2011年7月）インターシフト　ロビン・ダンバー著、藤井留美訳

・『実践ブランド・マネジメント戦略』（1998年10月）実務教育出版　平林千春著

・『五感刺激のブランド戦略――消費者の理性的判断を超えた感情的な絆の力』（2005年10月）ダイヤモンド社　マーチン・リンストローム著、ルディー和子訳

・『文化メソッドのマーケティング――ナラティブ（物語性）とゲーミフィケーション（遊戯性）』（2014年1月「マーケティング創造研究会レポートNo．1088」）マーケティング共創研究会　山川悟著

・『なぜ直感のほうが上手くいくのか？――「無意識の知性」が決めている』（2010年6月）インターシフト　ゲルト・ギーゲレンツァー著、小松淳子訳

・『競争と公平感――市場経済の本当のメリット』(2010年3月) 中公新書　大竹文雄著
・『選択の科学』(2010年11月) 文藝春秋　シーナ・アイエンガー著、櫻井祐子訳
・『予想どおりに不合理――行動経済学が明かす「あなたがそれを選ぶわけ」』(2008年11月) 早川書房　ダン・アリエリー著、熊谷淳子訳
・『「食べ物情報」ウソ・ホント――氾濫する情報を正しく読み取る』(1998年10月) 講談社ブルーバックス　高橋久仁子著
・『「食品報道」のウソを見破る食卓の安全学』(2005年7月) 家の光協会　松永和紀著
・『ファスト&スロー――あなたの意思はどのように決まるか?』上下 (2012年12月) 早川書房　ダニエル・カーネマン著、村井章子訳
・『思い違いの法則――自分の脳にだまされない20の法則』(2012年4月) インターシフト　レイ・ハーバート著、渡会圭子訳
・『フロイト先生のウソ』(2003年1月) 文春文庫　ロルフ・デーゲン著、赤根洋子訳

・『店頭研究と消費者行動分析――店内購買行動分析とその周辺』（1989年4月）誠文堂新光社　田島義博・青木幸弘編著

切りとり線

★読者のみなさまにお願い

この本をお読みになって、どんな感想をお持ちでしょうか。祥伝社のホームページから書評をお送りいただけたら、ありがたく存じます。今後の企画の参考にさせていただきます。また、次ページの原稿用紙を切り取り、左記まで郵送していただいても結構です。

お寄せいただいた書評は、ご了解のうえ新聞・雑誌などを通じて紹介させていただくこともあります。採用の場合は、特製図書カードを差しあげます。

なお、ご記入いただいたお名前、ご住所、ご連絡先等は、書評紹介の事前了解、謝礼のお届け以外の目的で利用することはありません。また、それらの情報を6カ月を越えて保管することもありません。

〒101-8701（お手紙は郵便番号だけで届きます）
祥伝社新書編集部
電話03（3265）2310

祥伝社ホームページ　http://www.shodensha.co.jp/bookreview/

★本書の購入動機（新聞名か雑誌名、あるいは○をつけてください）

＿＿＿新聞の広告を見て	＿＿＿誌の広告を見て	＿＿＿新聞の書評を見て	＿＿＿誌の書評を見て	書店で見かけて	知人のすすめで

★100字書評……なぜ、それを買ってしまうのか

名前

住所

年齢

職業

加藤直美　かとう・なおみ

愛知県生まれ。法政大学法学部卒。経営コンサルタント会社を経て、1989年に流通業界のサポート会社「トレードワーク」を結成し、マーケットリサーチに基づくメーカーや小売業のマーケティング・サポートを行う。1991年から消費生活コンサルタントとして活躍している。流通業界に精通する立場から流通専門誌などに多く執筆し、著書に『コンビニ・ドットコム』（商業界刊）、『コンビニ食と脳科学』（祥伝社新書）、『コンビニと日本人』（祥伝社）などがある。

なぜ、それを買《か》ってしまうのか
——脳科学《のうかがく》が明《あ》かす錯覚行動《さつかくこうどう》

加藤直美《かとうなおみ》

2014年7月10日　初版第1刷発行

発行者……………竹内和芳
発行所……………祥伝社しょうでんしゃ
〒101-8701　東京都千代田区神田神保町3-3
電話　03(3265)2081(販売部)
電話　03(3265)2310(編集部)
電話　03(3265)3622(業務部)
ホームページ　http://www.shodensha.co.jp/

装丁者……………盛川和洋
印刷所……………堀内印刷
製本所……………ナショナル製本

Printed in Japan　ISBN978-4-396-11372-8　C0263

〈祥伝社新書〉
日本語を知る・学ぶ

042
高校生が感動した「論語」
慶應義塾高校の人気ナンバーワンだった教師が、名物授業を再現
元慶應義塾高校教諭
佐久《さく》 協《やすし》

096
日本一愉快な 国語授業
日本語の魅力が満載の1冊。こんなにおもしろい国語授業があったのか！
佐久 協

102
800字を書く力
小論文もエッセイもこれが基本！
感性も想像力も不要。必要なのは、一文一文をつないでいく力だ
埼玉県立高校教諭
鈴木信一

267
「太宰《だざい》」で鍛える日本語力
「富岳《ふがく》百景」「グッド・バイ」……太宰治の名文を問題に、楽しく解く
カリスマ塾講師
出口《でぐち》 汪《ひろし》

329
知らずにまちがえている敬語
その敬語、まちがえていませんか？ 大人のための敬語・再入門
ビジネスマナー・敬語講師
井上明美

〈祥伝社新書〉
大人が楽しむ理系の世界

229
生命は、宇宙のどこで生まれたのか
「宇宙生物学（アストロバイオロジー）」の最前線がわかる！

国立天文台研究員
福江 翼

234
9回裏無死1塁でバントはするな
まことしやかに言われる野球の常識を統計学で検証

東海大学准教授
鳥越則《のり》央《お》

242
数式なしでわかる物理学入門
物理学は「ことば」で考える学問である。まったく新しい入門書

神奈川大学名誉教授
桜井邦《くに》朋《とも》

290
ヒッグス粒子の謎
なぜ「神の素粒子」と呼ばれるのか？ 宇宙誕生の謎に迫る

東京大学准教授
浅井祥《しょう》仁《じ》

338
大人のための「恐竜学」
恐竜学の発展は日進月歩。最新情報をQ&A形式で

北海道大学准教授
小林快次 監修

サイエンスライター
土屋 健 著

〈祥伝社新書〉
話題騒然のベストセラー！

042
高校生が感動した「論語」
慶應高校の人気ナンバーワンだった教師が、名物授業を再現！
元慶應高校教諭
佐久 協《やすし》

188
歎異抄《たんにしょう》の謎《なぞ》
親鸞をめぐって・「私訳 歎異抄」・原文・対談・関連書一覧
親鸞は本当は何を言いたかったのか？
作家
五木寛之

190
発達障害に気づかない大人たち
ADHD・アスペルガー症候群・学習障害……全部まとめてこれ一冊でわかる！
福島学院大学教授
星野仁彦《よしひこ》

205
最強の人生指南書
佐藤一斎「言志四録」を読む
仕事、人づきあい、リーダーの条件……人生の指針を幕末の名著に学ぶ
明治大学教授
齋藤 孝

258
「看取《みと》り」の作法
愛する人の死をどう迎え、乗り越えればいいのか。自身の体験を踏まえて語る
精神科医
香山リカ